"一带一路"开发研究丛书

总主编 ◎ 向宏 胡德平 王顺洪 徐飞

资本时代

"一带一路"开启的中国跨境投资新天地

叶勇 ◎ 编著

西南交通大学出版社
·成都·

图书在版编目（CIP）数据

资本时代："一带一路"开启的中国跨境投资新天地 / 叶勇编著. —成都：西南交通大学出版社，2017.4
（"一带一路"开发研究丛书）
ISBN 978-7-5643-5389-6

Ⅰ.①资… Ⅱ.①叶… Ⅲ.①对外投资–研究–中国 Ⅳ.①F832.6

中国版本图书馆 CIP 数据核字（2017）第 078778 号

"一带一路"开发研究丛书 Ziben Shidai 资本时代 "一带一路"开启的中国跨境投资新天地	叶 勇 编著	出 版 人 阳 晓 责任编辑 孟秀芝 封面设计 严春艳

印张	15.5	字数	215 千	出版发行	西南交通大学出版社
成品尺寸		165 mm×230 mm		网址	http://www.xnjdcbs.com
版次	2017 年 4 月第 1 版			地址	四川省成都市二环路北一段 111 号 西南交通大学创新大厦 21 楼
印次	2017 年 4 月第 1 次			邮政编码	610031
印刷	四川玖艺呈现印刷有限公司			发行部电话	028-87600564 028-87600533
书号	ISBN 978-7-5643-5389-6			定价	62.00 元

图书如有印装质量问题　本社负责退换
版权所有　盗版必究　举报电话：028-87600562

"一带一路"开发研究丛书编写委员会

总 主 编　向　宏　胡德平　王顺洪　徐　飞

副总主编　何云庵　陈志坚　朱健梅

编　　委　沈火明　何　川　钟　冲　邱延峻

　　　　　汪　铮　张雪永　阳　晓　孟新智

本书编写委员会

统 稿 人　叶　勇

成　　员　黄　雷　　陈忠路　　仇　戈　　文旭倩

　　　　　阳晓君　　代　悦　　龙　霞　　殷瑞苓

　　　　　陈昱彤　　吴　倩　　徐美佳　　范新慧

　　　　　张　丽

"一带一路"开发研究丛书
创作与出版说明

一、立项说明

"一带一路"倡议如果没有找准全球发展的真实需求，她不可能在今天得到如此众多国家的支持和响应。尽管如此，寻求最广泛的共识与参与依然是我们需要艰苦努力的目标，因为这一倡议的本质是推动"五通三同"：政策沟通、设施联通、贸易畅通、资金融通、民心相通以及利益共同体、责任共同体、命运共同体，在此基础上实现区域共同市场的协同发展与全球化的深入。

"一带一路"倡议尽管是一个经济发展战略和操作计划，但她明显区别于一般的全球发展概念和相应项目计划，因此，"五通三同"既是手段又是目的，只有如此，我们才能推进相关事业的螺旋递进和升华发展。

面对如此众多的国家与经济体，要建立"五通三同"的基本理解与共识并不断深化，将是一个非常复杂的浩繁系统工程。我们深知没有理论研究的超前展开和持续跟进，寻求广泛共识与普遍参与将是非常困难的。

"'一带一路'开发研究丛书"将从五个角度把握选题方向，弄清基本诉求、明晰关键问题、找准逻辑关系：一，从中国国家战略角度；二，从全球发展角度；三，从"一带一路"倡议实施的相关主体角度；四，从西南交通大学角度；五，从新基建高潮与轨道交通发展角度。

（一）从中国国家战略角度

随着改革与开放事业的循环递进，中国借助全球化契机，快速实现了城市化与工业化，也就是初步现代化。长周期高速成长的中国在今天面临如何跨越"中等收入陷阱"与"修昔底德陷阱"的巨大难题，全球经济格局的变化也给我们带来了新一轮的挑战。通过更紧密地融入世界经济体系尤其是亚非欧市场，毫无疑问是跨越两大陷阱、实现和平崛起的根本性战略选择。

2013年9月，中国国家领导人正式向国际社会提出了共建"丝绸之路经济带"和"21世纪海上丝绸之路"的重大倡议，两者合称"一带一路"倡议。近四年来，"一带一路"倡议首先在中国变成了实实在在的国家战略，从组织机制与体系到首批项目安排都全面展开，取得了阶段性成果；"一带一路"倡议不仅得到了沿线国家的积极响应，也结出了诸如亚投行、金砖银行等重大战略性、阶段性成果；2016年11月17日，第71届联大将"一带一路"倡议正式作为大会议程，这不仅标志着国际社会对它的接受，更预示着"一带一路"倡议逐渐成为全球发展的新理念与新思路，成为"千年计划"的重要操作内涵；2017年1月17日，习近平主席在达沃斯世界经济论坛年会上宣布将在北京召开"一带一路"国际合作高峰论坛，预示着中国声音、中国主张、中国方案将满怀信心地进入国际议题；刚刚结束的中美元首"海湖庄园会晤"不仅将开启中美"新型大国关系"格局下的新合作局面，还将在规划中美关系下一个45年的过程之中，探寻"繁荣中美与建设世界并行不悖"的、促进世界经济"增量再平衡"的、中美共同倡导的全球发展新主张和"再全球化"新战略，这些中美间的战略安排将促进"一带一路"倡议的全面深化和"一带一路"大市场的兴旺发达。

我们可以预计，5月14日至15日在北京召开的高峰论坛不仅是中国主场的全球性盛会，也标志着"从一带一路到人类命运共同体"的全人类"大交通"时代的即将来临，新一轮的世界经济大繁荣也许将由此开启，中国新一轮"对外求和、对内求变"的改革发展新战略同样也将由此开启；随后召开的中共十九大将是新一轮改革发展新战略的组织保障与机制深化。

（二）从全球发展角度

今天亚洲的大部分国家依然面临现代化的紧迫需求，也就是城市化与工业化的紧迫需求；美洲尤其是南美、欧洲尤其是东欧不少国家也面临同样的需求；非洲更是如此。

"一带一路"倡议的一个重要特征就是借鉴中国快速实现工业化与城市化所积累的相关经验、模式、方法以及相应的中国能力，联合欧美日等发达国家力量和沿线发达经济体力量，推动亚、非、拉为主的洲域市场快速实现赶超型的、后发优势的现代化过程。因此，"一带一路"倡议也可以说是全球市场整体实现城市化与工业化的"收尾工程"，它将迎来的是现代化的灿烂晚霞。

今天的北美、欧盟等发达国家和经济体，虽然也因就业等压力提出了"再工业化"等口号，事实上是很难收到实效的，更难发挥比较性优势。他们恰恰应该面对未来寻求超前的战略安排与新竞争力布局，通过商业模式与机制的创新实现诸多未来产业的提前成熟，并通过新兴产业与新生活方式创造全新的后工业化产业体系与新消费体系，实现经济的转型与市场的繁荣乃至社会的发展。

"一带一路"倡议的另一个重要特征就是在中美螺旋递进的战略合作机制下，依托美国发达的科技力量与教育力量，创新技术方案与商业模式，联合欧日等发达经济体力量和沿线发达经济体力量，推动中美市场为基础的、"一带一路"沿线相对发达经济体普遍参与的、超前布局的、先发优势的后现代化过程。因此，"一带一路"倡议也可以说是中美联手推动的全球市场发达经济体超前实现后工业化与后现代化的"超前工程"，它将迎来的是后现代化的蓬勃朝阳。

"一带一路"倡议的上述两大特征使其完全有可能成为"再全球化"或"后全球化"时代，实现世界经济"增量再平衡"和新一轮长周期繁荣的全球新战略，也是推动工业化往后工业化演进的文明转型工程。

（三）从"一带一路"倡议实施的相关主体角度

"一带一路"倡议实施涉及的各类主体非常丰富，同类主体又有不同的层级需求；每类主体对"一带一路"的关注、研究、参与都抱有不同的目的与不同的逻辑演进关系。

"一带一路"倡议实施涉及的产业面也相当广泛，不同区域产业链发育的成熟度又有相当大的差异，全球性产业秩序也处在总体平衡的动态调整之中，它的不确定性和不同主体扮演的龙头角色又决定了产业重组与再造所面临的企业性格的个性化。

"一带一路"倡议实施中有一个征象必须说明，那就是区域共同市场的抬头乃至区域共同市场主义的兴起，这就使我们多了一个关注的对象，那就是区域共同市场的牵头人，也许是国际组织、也许是强势国家、也许是强势企业。

"一带一路"倡议实施不能回避它对现行国际政治经济秩序的影响甚至是话语权地位的调整，既有秩序的守成方和挑战方之间的矛盾是无法回避的，关键是看新秩序的建构能不能达成挑战方与守成方的新平衡，这种新平衡的认可需要靠新思维与大主张。

我们的研究，包括因本套丛书带来的深化研究显然是不能够囊括各类主体的不同需求，当下的需求也许还能够有几分感觉，未来变化中的需求调整是很难把握的，尤其是博弈的双方在入场前后的动机变化是最难把握的，我们将尽努力挑战它。

（四）从西南交通大学角度

西南交通大学秉持 120 年的大交通理念，在全校师生、校友事实上已经是"一带一路"倡议项目实施的普遍参与者基础上，根据创办"双一流"大学的总体目标，提出了"以'一带一路'倡议为契机，以国家实验室为突破，全面建构大交通范畴的学科体系建设理念和有特色的世界一流大学目标"，并以此展开交大新一轮的改革发展新事业。

学校成立了"一带一路"开发研究院与"一带一路"历史文化研究院，参加了全国政协统筹的，由清华大学、国家开发银行、丝路基金等机构发起的"丝路规划研究中心"，同时与中央财经领导小组办公室保持联系，将学校机制与国家机制结合，一方面系统性、全局性展开"一带一路"研究，另一方面积极展开国家战略层面的项目实践。近期开发研究院在华盛顿组织了 20 位中美双方政产学人士参加的"中美民间基建合作计划专家工作组",推动中国民间资本联合赴美的"美国基建投资计划",取得中美双方高层的一致认可与褒扬。2016 年年底,历史文化研究院应梵蒂冈教皇邀请赴梵展开"中梵丝绸之路历史文化研究",不仅取得了阶段性成果,还建立了与梵方多个机构的长期合作机制,2017 年 5 月将组织北大、北师大、北外、中国红楼梦研究会、中国曹雪芹研究会等中方专家与梵方教皇大学、梵蒂冈博物馆展开系列研讨会与课题合作,推动"一带一路"历史文化研究上台阶、创品牌。

两个研究院在工作中发现虽然"一带一路"倡议的实践已经走在前面,但理论研究尤其是系统理论研究与理论准备明显不足,落后于实践。我们认为"一带一路"倡议是在全球化发展转型期、全球性工业化与现代化步入后发阶段、后工业化与后现代化步入先发阶段、崛起大国与守成大国进入相持阶段、世界经济正在由失序的不平衡走向有序的再平衡过渡阶段等多个特殊时期提出的。面对这样一个特殊时期,既需要有突破的理论思维与主张,也需要表达核心主张的理念阐述、更需要有逻辑的操作方案且要照顾不同主体的真实需求与思维习惯。

基于上述观点,两个研究院提出了由"智库型模式"起步并逐渐过渡到"智库与教学结合模式"的发展思路。一方面通过智库拓展与"一带一路"相关主体尤其是市场主体的紧密互动关系,进一步找准两个研究院的操作性定位;另一方面组织编写"'一带一路'开发研究丛书",聚集研究资源、提出研究思路、创新研究方法、服务战略实施,在此基础上,进一步找准两个研究院的学术定位。与此同时,动员与统筹全校力量、五所交大的协同力量和成都地区、西南地区高校力量,乃至"一带一路"关联地区大学力量和"大交通"关联的全球性力量参与研究与智库活动。

通过两个研究院对"一带一路"倡议的系统研究,我们越来越发现不仅"一带一路"所关联的亚洲、非洲、欧洲尤其是中东欧普遍面临基础设施先行带动的城市化与工业化快捷发展的后发现代化的总体需求,整个美洲包括北美同样存在如此需求。我们注意到伴随中美合作关系的升级，世界性的新基础设施建设高潮即将掀起。也许它发端于中美两国的基建升级、繁荣于"一带一路"直接推动的亚非欧"世界岛"。

两对新一轮的基建浪潮，在后发现代化国家最重要的表现特征是"大交通"推动的城市化与工业化；在先发现代化国家和地区如美、欧、日等以及中国部分地区，表现特征是"新型大交通"推动的新空间布局与新产业布局。

"大交通"强调依托高铁及城市轨道交通串联形成的城市带、产业带以及在此基础上的特色城镇群与特色产业群；"新型大交通"强调依托磁浮等新型轨道交通实现大都市与特色卫星小镇的快捷连接，重构都市空间格局与新产业布局，除此之外还包括空地一体化新型交通格局带来的"未来城市"的兴建。

由此看来，"新型轨道交通"将是"大交通"与"新型大交通"的基础解决方案，西南交通大学在轨道交通领域的全国性地位乃至全球性地位决定了它的特殊角色。

高铁尤其是时速 300 公里左右的常规高铁，虽然是新型轨道交通的重要组成部分，但它的研发体系和产业体系已基本成熟，交大要做的工作更多的是补充与完善。交大要在升级版的超级高铁，重载铁路，第二代中低速磁浮列车、高温超导磁浮列车等磁浮轨道交通多样化应用，空铁等多制式城市轨道交通，国防特种运输装备，真空管道超高速轨道交通（1000 km+），现代有轨电车、虚拟有轨电车等"新型轨道交通"方面聚集研究力量与市场力量，不仅创中国"双一流"大学，还要创世界第一的"新型轨道交通大学"，以此带动交大综合能力的全面成长，用全球性基建高潮的大势推动交大成为国际一流研究型大学与智库型大学。

为了实现上述目标，尤其是在"新型轨道交通"产业体系成型之前，交大不仅要为学术体系的完善发挥独特作用，也要为标准体系的完善发挥关键作用，更要为市场体系的超前布局发挥先锋作用。因此，尽快组织战略投资人一步到位形成大资本介入的"中国新型轨道交通集成集团有限公司"显得尤为重要与迫切。它是学术、科研、产业良性循环的重要一环，在一个全新产业孵化之初，这样的机制更显得尤为必要。

（五）从新基建高潮与轨道交通发展角度

伴随中美合作新格局的来临、"一带一路"倡议的全面实施，一场启动于中美市场、繁荣于"一带一路"市场的全球性基础设施建设高潮即将来临。交通，毫无疑问是先行工程，轨道交通尤其是高铁和城市轨道交通又是先行工程中的先行工程。

中国已经有大大小小的若干行业取得了全球规模与技术的领先优势，在大行业领域取得市场领先优势的还是凤毛麟角，中国高铁与城市轨道交通是我们最自豪的佼佼者，它事实上成了全球有目共睹的中国基础设施建设能力的核心能力。我们的尴尬在于为我们这一产业巨大市场优势做出贡献的主要还是国内市场，而大步走向全球市场才是我们轨道交通产业真正成熟的标致。

我们靠国内规模市场优势做大了产业，但还没有做强，关键问题出在应用研究与基础研究的相对滞后，深层问题又在于研究力量的协同与组织机制的困扰，更深层次的问题在于应对全球竞争、大国竞争到底应该有怎样的产业发展战略与机制保证。

培育优势企业、打造优势产业毫无疑问是国家竞争力战略与新一轮改革发展的关键能力需求与基础能力需求；中国高铁与城市轨道交通因市场规模所积累的丰富经验与综合能力，使其成了市场潜力最大的优势产业和企业集群，这样的综合优势产业相对而言实在太少；它过去的成功，一是靠大胆决策、超前超规模展开、用暂时的亏损换取中国城市化与工业化整体能力的快速提升等巨大综合收益，二是靠产学研资源的系统性长期积累；现在的问题，浅层面看是过于依赖国内市场、进入国际市场依然面临技术经济多项指标的竞争压力，深层次看表现为产业、科研、教育整体协同机制与定位出了问题，基础科研与新技术孵化跟不上市场的变化与需求；市场大势来了，它启动于中美新一轮的基建合作计划，繁荣于"一带一路"基础设施建设的先行；需求来了我们从何下手，只能是一方面尽最大努力抓市场，另一方面抓产业与应用研究能力提升，但这需要一个过程；综合而言，从教育突破相对容易、逻辑也比较顺畅，中国轨道交通教育、科研、产业综合体系离世界第一只差一步，教育水平离第一目标相对更近，教育水平的整体提升必然带来基础研发与新技术孵化的能力跃升，直接推动产业规模优势变成性价比优势、技术优势、品牌优势，全球第一的教育品牌更便于整合各类相关主体与不同阶段的科研资源，有利于突破产学研整体能力的协同性障碍；通过世界第一的轨道交通大学和相关研究体系，带出世界第一的优势产业和企业集群不仅可行且战略意义重大，如此安排"一带一路"倡议与"中美基建合作计划"就能快速取得丰富的早期收获。

二、选题原则与创作力量的组织

在今天看来，"一带一路"倡议既是一套中国发展战略，也是一套全球发展战略。两者之间是一个相辅相成的关系：中国战略必须有清晰的国际逻辑，否则没有操作性；全球战略必须要有一定的中国因素，否则同样操作性不强。中国不仅仅是"一带一路"的倡议者，更是市场要素资源组织的基础环节与关键环节，也是新机制的建构者与新方法的始创者。

选题原则要兼顾理论与理念、政府与市场、经济与技术、工业化与后工业化、现代化与后现代化、全球化与后全球化、经济与社会、历史与文化，还要兼顾宏观与微观、战略与战术、理论与实践、国家与地方，更要兼顾国际与国内、长远与现实、区域与国别、产业与项目、产业与金融、大企业与小企业、金融体系与金融产品、金融市场与资本市场等多方面。要从这些关系中抽象出选题要义，安排好出书计划的时间序列与分类序列。

"'一带一路'开发研究丛书"总体采取命题研究的创作形式，创作力量首先是以西南交通大学为首的大学力量，包括五所交大、成都、四川、西南地区相关高校和北京地区相关高校等，其次是国内外从事相关问题研究的各类专业人士。

我们特别注重寻找相似题目的著作者，由他组织研究力量结合我们的战略意图进行再创作。如此安排不仅有利于快速形成研究成果，更有利于思想碰撞、观点交锋与学术深化。

由于"一带一路"概念本身是一个操作性概念，因此方案策划与设计显得尤为重要，许多选题将采取"研讨会"形式展开，由主创人员邀请相关专家共同研究"方案设计"，这样不仅使其研究成果的应用价值得以大大提升，还方便阅读，方便相关人员依不同角色进行资讯的取舍。

如何创新研究形式与课题创作形式是我们接续关心的重要问题，通过它可以使选题的资讯内涵与价值内涵得到最大化发挥。

"'一带一路'开发研究丛书"的编写过程本身也是西南交通大学"一带一路"开发研究院与西南交通大学"一带一路"历史文化研究院创立、研究力量组织、定位精准、方法论形成、智库品牌创立、超级项目能力形成、超级项目模式建立的过程，也是交大产学研模式升级发展的过程，更是中国"一带一路"倡议完善的过程。

我们希望本套丛书能有效服务整个"一带一路"倡议的深度认知与中国"一带一路"倡议的深化。它重在系统基础上的早期行为推动，也不排除在若干年后通过实践的总结形成第二套丛书。我们希望借此丛书的创作为"实验政治学"、"发展经济学"、"产业经济学"、"公司经济学"、"方案经济学"以及"现代化理论"与"后现代化理论"、"大交通理论"、"文化人类学"与"空间人类学"等学科的理论建设做出贡献，更希望为"一带一路"倡议建构起系统的理论体系。

三、选题分类与计划

"'一带一路'开发研究丛书"按九大类方向进行选题规划：一是核心理论与主张系列，二是总体战略系列，三是大国与域内经济体相关理念与主张系列，四是新理念与行动系列，五是人文历史系列，六是中国改革开放新战略系列，七是中国新市场理念与战略转型系列，八是智库与媒体系列，九是轨道交通系列。

编委会初步拟定了九大类 100 多个选题方向，主要是便于著作者参考与选择，整个丛书计划控制在 100 本以内，编委会与著作者在互动中确定最终选题与研究计划和写作提纲，双方取得一致意见后再进行具体的研究与写作工作。

编委会初步拟定的 100 多个参考选题也将在研究深化过程中不断调整与修改，此次提出的如下选题旨在打开研究视野、明确九大分类的逻辑关系，为首批计划的推出建构参照坐标。

（一）核心理论与主张系列

1. 文明与产业：从工业化与现代化走向后工业化与后现代化
2. 新规则：工业文明与后工业文明的胶着与转型
3. 新贸易论：国家间的竞争与改变世界的基础力量
4. 国是与生意：超级项目与超级资本在未来十年将如何改变世界
5. 停滞与繁荣：摆脱政治困扰，迎接新商业力量带来的世界性繁荣
6. 十字路口：新国家为何官僚化以及特朗普可能的再设计与再改变
7. 一千个理由：中美始于现实主义繁盛于新商业主义的战略合作
8. 窗口期：习近平、特朗普可能带来的改变与行进中面临的巨大压力
9. 一带一路：中国经验与中美欧能力结合的后发现代化道路
10. 拥抱：摆脱冷战思维的大国战略
11. 科莫湖：湖边散步，对话美中欧新世界体系
12. 增量再平衡：中美战略对话的全球性议题与机制构想
13. 大交通：从"一带一路"走向人类命运共同体
14. 实践社会主义：在制度竞赛的反省中寻找超越第三条道路的新方向
15. 人类命运共同体：通过经济繁荣导向新普世价值的全球共识

（二）总体战略系列

16. 竞争力报告："一带一路"相关国家与经济体现实能力的总体评价
17. 增长热点：金砖、金钻、灵猫、展望、薄荷、迷雾等概念的研究
18. 全球化与区域贸易协定：五百多个区域贸易协定(RTA)的来龙去脉
19. 超大区域的 RTA：欧盟、APEC、东盟、北美自贸区、TPP、TPIP 等概念研究
20. WTO 波澜起伏：从全球化到再全球化
21. 多国的规划：来自欧洲、亚洲、非洲以及美国的丝路规划方案
22. 总体需求：亚非拉对城市化与工业化的渴望
23. 融合与创新："一带一路"倡议在数百个区域贸易协定基础上的提出
24. 解释"一带一路"：早期实验、正式提出、逐渐成型与相对稳定
25. 战略对接："一带一路"倡议与相关国家战略及区域战略的衔接
26. 新循环体系："一带一路"创造的全球经济新运行格局
27. 世界的试验：后发城市化与工业化的中国经验与教训
28. 新动力与新空间：超级资本推动新兴产业与新生活方式的提前繁荣
29. 收尾与超前：工业化的后发模式与后工业化的先发模式
30. 信风：新一轮全球性基建高潮的来临
31. 世界岛：梦想在大资本时代中美欧合作格局下实现
32. 支撑体系：丝路新时代的节点城市与产业体系
33. 产业分工：联合国的三级工业分类与"一带一路"的分工体系
34. 园区模式：花样繁多的园区概念与中国式的产城融合体
35. 生根开花：中国在"一带一路"超前布局的 80 余个经贸合作区

（三）大国与域内经济体相关理念与主张系列

36．特朗普新政：保守主义与现实主义的当下立足与新商业主义的未来发展

37．改造世界的特朗普：问题意识、逻辑力量与方法论

38．脱欧之后的再定位：英国在欧盟与新欧亚非一体化市场中的再定位

39．再造优势：德国借助"一带一路"提振欧盟的新思路与新战略

40．岛国求变：日本在新外交格局下重构一体化市场的理念与方略

41．新一轮合作：中韩在"一带一路"大市场体系中谋求新合作格局

42．海陆互动：新加坡在强化海权优势基础上的陆权联盟式扩张

43．华丽转身：中东石油大国在"一带一路"机遇下的战略转型

44．印度：寻求深度认知与理解，探寻全面结构性合作

45．欧洲图强："一带一路"理念下的东进战略与欧亚非市场共同体

46．欧亚非经济联盟："一带一路"倡议作为手段与目的

47．亚洲共进论：区域与次区域共同市场带来的亚洲繁荣

（四）新理念与行动系列

48．国别经济："一带一路"倡议实施的认知前提与基本能力

49．产业经济："一带一路"倡议实施的关键环节与核心动力

50．区域共同市场：后全球化过渡期的市场特性与趋势前瞻

51．新图景：区域共同市场与主体功能区

52．经济地理革命："一带一路"串起的区域共同市场体系

53．不确定中的求索：国际货币太阳系的瓦解与新体系的建构

54．人民币国际化：从贸易货币、投融资货币走向储备货币

55．亚投行：全球开发性金融的新角色与新模式

56. 丝路基金：中国由贸易大国向投资大国转型的引导性基金

57. 并驾齐驱：贸易与航运的波罗地海指数与海上丝路指数

58. 新模式：中美欧高科技合作 1.0 与 2.0 互动机制

59. 六大走廊：概念性规划基础上的深度研究

60. 第三欧亚大陆桥：穿越亚洲人口密集地区连接中欧的新通道

61. 捷径：北极航线、克拉地峡运河等海上丝路新通道构想

62. 哑铃战略：十余趟中欧班列连接两个扇面的城市群与产业群

63. 管道丝路：中国与俄缅哈土等国油气管道创造的新开发模式

64. 东西方之桥：土耳其在"一带一路"倡议中的重新定位

65. 比雷埃夫斯港：海上丝路港城连接的中东欧新通道

66. 科伦坡再造：海上丝路中转大港的新发展计划

67. 中白工业园：白俄罗斯的新中心城市与丝路明珠

68. 苏伊士新区：中埃合作的新型经贸合作区与海上丝路的节点城市

69. 瓜达尔港城：一个面向三个大市场的超级工业基地与商贸大城

70. 先走一步：中国在非洲的基建与产业发展

71. 雅达瓦伦油田：中国超级油田海外合作的里程碑

72. 印度钢铁：崛起大国的钢铁产业快发之路与后发之路的双轮驱动

73. 班加罗尔：软件产业聚集区与中国互动的互联网+

74. 有机农业：远东布局的生产基地和全球市场

75. 台湾价值：超级项目合作重塑两岸关系

76. 巴拉望的后现代生活：与增长中心配套的热带海滩度假城与非现场工作基地

（五）人文历史系列

77. 曾经的辉煌：东西方商路连接的古丝绸文明

78. 大航海时代：洲域经济的交流与早期的全球化

79. 从历史走来：始于《中国》的西方关于中国的描述

80. 西方视野的中国：大历史、大文化与大战略的观察

81. 丝路传奇：千百年来西方人的丝路著述与故事
82. 历史的拐点：中国在世界交往中的失落
83. 盛宴：中国艺术在古丝路的辉煌与新丝路的繁盛
84. 梵蒂冈使臣：罗马在东西文化交流中的历史角色与未来设想
85. 大历史定位："一带一路"倡议的历史延续与未来穿越
86. 横断山总体价值论：建构地球终极资源与全人类明天需求间的大逻辑框架
87. 第三空间浪潮：透过若干经典案例解构建构空间人类学
88. 伊甸园：大香格里拉的后现代憧憬
89. 腾冲：古丝路历史文化要冲与新丝路的重新定位
90. 生活大国：四川的尝试与即将到来的中国新战略
91. 艺术的胜利：重庆都市调性的改造与竞争力的勃发
92. 复兴邻里社会：智慧城市与中小微企业新发展浪潮带来的社会变革

（六）中国改革开放新战略系列

93. 第二轮开放：对外求和与对内求变的新战略
94. 愿景与行动："一带一路"倡议的多角度解读
95. 冷思考："一带一路"深层问题与关键问题梳理及求解
96. 战略定力：中国策略的宏微观梳理与系统执行
97. 创新驱动：内外市场互动的创新机制与模式
98. 循环递进："一带一路"倡议创造的内外市场及大中小企业协同发展的新契机
99. 早期收获："一带一路"倡议的有感化与阶段性递进
100. 企业生态：良性发展的基础与深化改革的关键
101. 工业强国：增量再平衡全球机制下中国制造业的转型升级
102. 并非夸大的使命：中国商业力量的成长与未来使命
103. 新亮点：口岸贸易与自由贸易区
104. 利益维护：中国"一带一路"倡议下的海外利益维护
105. 海外中国：中国跨境投资的现状与未来战略
106. 华人血脉："一带一路"华侨资本的关键作用与利益安排

（七）中国新市场理念与战略转型系列

107. 第一战略：推动优势产业冲击第一目标与市场覆盖
108. 并购与整合：中国制造业升级的价值再造与战略重组
109. 战略投资：时髦概念背后的深层功夫与系统能力
110. 机会投资：战略理念与能力支撑下的短线投资
111. 平台公司：多元化的实践与逐渐清晰的能力特征
112. 全球并购：躁动下的冷思考与趋势前瞻
113. 新央企：政治定位清晰后的市场行动
114. 改造与担待：中国上市公司与机构投资人的非常使命
115. 企业家：一个价值被忽略的特殊阶层与关键力量
116. 资本聚集："一带一路"超级项目导向的中国证券市场改革
117. 资本时代："一带一路"开启的中国跨境投资新天地
118. 聚变：郑州如何由超级货运空港演变为航空大都市
119. 于家堡：一个为京津冀融合发展和"一带一路"国别总部而定制的未来城市
120. 发现新疆：双经济走廊概念与超级项目聚集的循环递进
121. 双主题战略：云南在大通道与新生活中央高地两大概念下的再定位
122. 两洋通道：云南如何做好第三欧亚大陆桥与泛亚通道的大文章
123. 深圳谋变：基于现状与可能背景下的超级项目都会
124. 大湾区：新全球经济格局下粤港澳的再定位与一体化
125. 重庆战略力：国企与民企两个战略平台的双轮驱动
126. 多元中关村：欧美日俄以等国多点布局的超级项目孵化基地
127. 智慧城市：以非现场工作为基础的智慧化改造与不断升级
128. 大湾区的香港：在"一带一路"倡议下诉求金融深化与服务贸易升级
129. 装备制造业："一带一路"上的升级版与内外市场的互动
130. 服务贸易："一带一路"倡议下的内外市场联动与大布局

（八）智库与媒体系列

131. 力量的整合：中国与"一带一路"相关研究力量的价值发现与重组
132. 中国丝路开发研究基金会："一带一路"倡议门户型智库的价值主张与方案设计
133. 峨眉论坛：面向"一带一路"的开放论坛与新型国际组织
134. 峨眉论坛大学：创新组织模式与教学模式的"一带一路"国际人才培训基地
135. 超级项目论：中国在后全球化过渡期的非常机遇与方法
136. 超级项目前期："一带一路"倡议系统推进的关键能力
137. 超级项目智库：政产学融合的前期孵化机制与绿色通道
138. 开发性金融："一带一路"创造的新模式与新空间
139. 顶层智力：全国政协精英人才在"一带一路"基础研究上的价值最优化
140. 战略精英：复合型人才在非常时期的非常作用
141. 智力丝绸之路："一带一路"沿线的大学合作
142. 再出发：面对国家总体竞争力与战略安排的高校改革
143. 全球战略（华盛顿）研究院：设计中美欧如何联合创办新型智库
144. 丝路传媒集团："一带一路"全域布局的新媒体集团方案设计
145. 丝路通讯社："一带一路"全域布局的新模式通讯社方案设计

（九）轨道交通系列

146. 轨道交通：昨天的辉煌、今天的重任、明天的浪漫
147. 高铁主义：轨道交通与公路网络的良治后发模式
148. 新型轨道交通：现代化国家与地区交通能力提升的新选择
149. 轨道交通：全系列的中国制造与超级项目模式的中国投资
150. 泛亚铁路：交通体系联动区域共同市场的城市群和产业带

前言 preface

资本时代是一个发展升级的时代，对当今社会产生了重要的影响，为了积极主动应对全球经济形势的变化以及统筹国内外两个大局而提出的"一带一路"倡议则更是意义非凡，内涵丰富。本书致力全面研究"一带一路"背景下跨境投资的背景、现状、方式、风险与前景等问题，试图为读者全方位地展现处于资本时代中和"一带一路"背景下的我国跨境投资概况。

本书介绍了"一带一路"的时代背景以及处于该背景下我国跨境投资的发展现状；分析了"一带一路"背景下中国资本跨境投资的内生动力和外生动力；探讨了"一带一路"背景下中国跨境投资的主体、现状、问题与风险；总结了我国跨境投资的投资方式和融资渠道；研究了"一带一路"背景下跨境投资涉及的国家、地区、产业以及所处投资环境的分析；展示了"一带一路"的成功案例，包括中国中车、福耀集团和中兴通讯的跨境投资；介绍了"一带一路"背景下我国跨境投资的相关政策和必要流程；针对我国跨境投资总结了相关建议、前景与展望。

本书由叶勇担任主编并负责全书统稿工作，具体分工如下：第一章由张丽编写，第二章由陈昱彤编写，第三章由龙霞编写，第四章由陈忠路、仇戈编写，第五章由范新慧编写，第六章由黄雷、阳晓君编写，第七章由徐美佳编写，第八章由代悦、吴倩编写，第九章由殷瑞苓编写，第十章由文旭倩编写。

本书能够付诸出版，离不开西南交通大学经济管理学院相关人员的支持，感谢给予宝贵修改意见的老师以及为了编写本书付出辛勤劳动的成员，感谢为本书提供参考的众多报刊、文献与书籍的作者。同时，还要向欣然出版此书而不辞辛劳的出版社相关人员致以诚挚的谢意。

由于编者水平有限，书中难免有疏漏，恳请广大读者热心指正。

编写组

2017 年 3 月

目录 contents

第一章　时代背景 …………………………………………………… 001

　　第一节　"一带一路"倡议的时代背景 ……………………… 001

　　第二节　"一带一路"背景下的跨境投资 …………………… 007

第二章　"一带一路"背景下中国资本跨境投资的
　　　　驱动力与牵引力 ………………………………………… 013

　　第一节　中国资本"走出去"的驱动力（内生动力）………… 013

　　第二节　"一带一路"涉及国家需求发展的牵引力
　　　　　　（外部动力）……………………………………………… 020

第三章　"一带一路"背景下中国跨境投资的现状、
　　　　问题与风险 ………………………………………………… 031

　　第一节　"一带一路"背景下中国跨境投资现状 ……………… 031

　　第二节　"一带一路"背景下中国跨境投资存在的问题 ……… 037

　　第三节　"一带一路"背景下中国跨境投资存在的风险 ……… 045

第四章　跨境投资的主体 …………………………………………… 053

第一节　政府主导下的国有资本跨境投资 ……………………… 053

第二节　市场引导下的民营资本跨境投资 ……………………… 059

第三节　混合所有制下的企业跨境投资 ………………………… 066

第五章　跨境投资的投资方式 ……………………………………… 069

第一节　跨境股权投资 …………………………………………… 070

第二节　跨境非股权投资 ………………………………………… 078

第三节　跨境投资方式的影响因素 ……………………………… 081

第六章　"一带一路"背景下跨境投资国家、地区、产业与投资环境分析 ……………………………………… 087

第一节　"一带一路"背景下跨境投资涉及国家及地区 ……… 087

第二节　"一带一路"背景下跨境投资涉及行业 ……………… 089

第三节　"一带一路"背景下跨境投资环境分析与评价 ……… 108

第七章　资本时代的"一带一路"跨境投资融资渠道 …… 122

第一节　跨境投资的融资现状 …………………………………… 122

第二节　国内债权融资 …………………………………………… 123

第三节　国内股权融资 …………………………………………… 127

第四节　其他融资平台 …………………………………………… 131

第五节　跨境融资 ………………………………………………… 137

第六节　"一带一路"及资本时代背景下公司跨境投资的融资建议 …………………………………………………… 144

第八章 "一带一路"跨境投资案例分析 148

第一节 "一带一路"成功案例——中国中车 148
第二节 "一带一路"成功案例——福耀集团 153
第三节 "一带一路"成功案例——中兴通讯 159
第四节 "一带一路"跨境投资案例启示 165

第九章 "一带一路"背景下中国跨境投资的相关问题 168

第一节 政府政策 168
第二节 跨境投资流程、审核与监管 174
第三节 跨境投资法律规范 183

第十章 "一带一路"背景下中国跨境投资的建议、前景与展望 189

第一节 "一带一路"背景下中国跨境投资的建议 189
第二节 "一带一路"背景下中国跨境投资的前景与展望 200

参考文献 209

第一章 时代背景

第一节 "一带一路"倡议的时代背景

一、资本时代及其社会影响

资本时代就是资本的力量经过长时间的汇集成长，达到了一个可以产生本质性变化的时代①。资本逐步发展成为社会的一种决定性因素，人们在面对这种趋势时，不得因为其变化而修改某些重要的规则。资本时代是一个发展升级的时代，对当今社会产生了重要的影响。

（一）投机意识的改变

在资本时代，投资意识、投机意识、利率意识、风险意识与信用意识汇合起来的资本意识成为社会经济的主导意识。第一，投资意识是资本意识中最核心的意识。投资意识在市场经济中具有十分重要的意义。居民的储蓄、消费以及投资倾向都能通过投资意识的强弱反映出来，其决定了投资结构的合理化程度和多元化程度。第二，投机意识是资本意识中最重要的意识，它决定了资本市场是否拥有足够的活力。第三，利率意识总的来说是一种综合意识，它体现了社会大众对社会经济整体大局的把握情况。例如在股票市场上，社会公众如果没有较高的利率意识，那么他们就很难在股票市场上进行投资，即使投资，也很难获取较高的利润。第四，资本市场经济运行的一个重要特点就是收益与风险并存，风险意识决定了投资者的偏好。第五，信用

---

① 母瑾.什么是资本时代.内蒙古日报，2008-04-03（21）.

意识是市场经济发展的基础。重视承诺、遵守约定，是市场经济稳步发展的最基本要求。企业是市场主体，也是维护社会信用的主体。应加快企业改革，建立和完善现代企业制度，使企业成为真正的市场主体，使企业真正视信誉为企业的生命。

（二）社会机制的改变

资本的生成机制、组合机制、竞争机制与增值机制融合而成的资本机制，将成为社会经济运行的主导机制①。首先，资本生成机制是一种能将储蓄有效转变为投资的机制。其次，资本组合机制的内容就是将资产更好地组合起来形成最大的效用。再次，资本的竞争机制是市场经济最基本的运行机制。竞争引导着劳动力和资本在经济生活领域里合理流动，它寻求生产要②素的最优组合以提高效率，使市场机制对资源的配置功能得以实现。最后，资本的增值机制就是希望通过资产的保值增值来确保资本运营的整体水平。

（三）企业成长方式、竞争模式以及创新能力的改变

企业的成长将经历从"行政宠儿"到"市场宠儿"再到"资本宠儿"的转变过程。企业竞争将经历从产品竞争到市场竞争再到资本竞争的蜕变过程。企业创新将经历从技术创新到市场创新再到资本创新的升华过程③。企业成长方式、竞争模式以及创新能力的转变对于一个国家的可持续发展具有长远的意义。合理的经济转变方式有利于增强经济发展后助力，对于保持国民经济又好又快发展具有积极的作用。

（四）引导社会走向良性循环

在这个成长模式发生重大转型的时代，资本的意识能否得到充分体现是社会经济发展是否进入资本时代的最核心的标志。资本市场可以有效地引导整个社会的资金流向、流量、流速与流程，承载了整个

---

① 母瑾.什么是资本时代.内蒙古日报，2008-04-03（21）.
② 母瑾.什么是资本时代.内蒙古日报，2008-04-03（21）.
③ 韩志国.中国正在进入资本时代.上海证券报，2007-08-30.

社会的资源配置功能。同时资本市场能够利用制度维护资本的利益与边界，推动经济的运行与发展，社会经济就这样在资本与市场、市场与制度的共振中走向良性循环。

二、资本时代下的"一带一路"

（一）"一带一路"的内涵

"一带一路"是"丝绸之路经济带"和"21世纪海上丝绸之路"的简称，它横跨了世界上最长、最具有发展潜力的经济走廊，其沿线大多数都是具有高度经济活力的新兴经济体与发展中国家。"一带一路"是一种充分依靠中国与有关国家的双多边机制的、倡导各国与地区之间相互发展的理念和倡议。

"一带一路"是我国领导人为了积极主动应对全球经济形势的变化以及统筹国内外两个大局而做出的国家级顶层战略，其意义非凡，内涵丰富。

1. "一带一路"倡议体现了对丝绸之路"团结互信、平等互利、包容互鉴、合作共赢"精神的继承和创新

习近平总书记2013年在哈萨克斯坦纳扎尔巴耶夫大学演讲时提出共建"丝绸之路经济带"。随后同年习近平总书记在出访东南亚期间提出"一带一路"的倡议。由此可以看出"一带一路"最早起源于丝绸之路。丝绸之路是一个多民族、多种族、多宗教、多文化长期交汇融合而成的人文社会的交往平台，在长期交往过程中各个国家之间形成了"团结互信、平等互利、包容互鉴、合作共赢，不同种族、不同信仰、不同文化背景的国家可以共享和平，共同发展"的丝路精神。习近平总书记提出的"一带一路"倡议充分体现了对丝路精神的继承和创新。

首先，它突破了传统的开放合作模式。"一带一路"倡议的重点是可以开展大范围、高水平的以及深层次区域合作，同时与沿线国家

发展战略相结合，建立互联互通的合作伙伴关系，把沿线各国之间的利益结合起来，让大家共同分享经济高速发展带来的成果。

其次，它突破了排他性和恶性竞争性思维。中国跟其他国家的合作是相互包容、相互借鉴、相互学习的。"一带一路"倡议强调各个国家机制和体系的融合，大家共同维护全球贸易体系和开放型经济体系，共同打造一个开放、和平、包容的区域经济合作框架，优化区域内的经济资源。

最后，它摒弃了依靠霸权主义而使经济崛起的陈旧逻辑。我国现在走的是和平健康发展的新型中国特色社会主义道路，而不是强制主义政治，"一带一路"倡议从根本上排除了西方国家的霸权主义老路，而是以"团结互助，合作共赢"的方式来促进经济的发展。

2."一带一路"是我国内外开放、海陆统筹以及东西互补的重要战略

"一带一路"不仅涉及了国内外区域、陆上海上通道，还贯穿了东西，联通了南北。"一带一路"通过现代运输和信息网络将国内沿线地区与国外沿线地区连接起来，其战略的核心是对外开放。现代运输主要就是指陆路和海路，陆路主要通过铁路，公路把东中西与欧洲联系起来，形成四通八达的陆路网络。海路主要是在古代丝绸之路的基础上通过开拓新航线的方式实现海陆连接双向平衡。"一带一路"打破了海陆两权长期以来分立的格局，推动了欧亚大陆与太平洋、印度洋和大西洋完全连接的海陆一体化，形成海陆统筹的经济循环和地缘空间格局。同时，丝路经济带贯穿东西，联通南北，但主线是东西两个方向，开辟了东北地区对外开放新局面。

（二）"一带一路"建设的历程

1."一带一路"构想阶段

2013年，习近平总书记在出访中亚和东南亚国家期间，先后提出共建"丝绸之路经济带"和"21世纪海上丝绸之路"的重大倡议。2013年9月7日，习近平哈萨克斯坦纳扎尔巴耶夫大学演讲时，首次提出

共同建设"丝绸之路经济带"的重大战略构想。同年9月和10月,李克强总理参加中国—东盟博览会时强调,铺就面向东盟的海上丝绸之路,打造带动腹地发展的战略支点。同年12月,习近平在中央经济工作会议上提出,推进"丝绸之路经济带"建设,抓紧制定战略规划,加强基础设施互联互通建设。建设"21世纪海上丝绸之路",加强海上通道互联互通建设,拉紧相互利益纽带。

2. 务实合作阶段

2014年,在习近平总书记先后对中亚、东南亚、东北亚、南亚等13个周边国家及地区进行了访问之后,"一带一路"构想迈入"务实合作阶段"。2014年3月,李克强在政府工作报告中提出,抓紧规划建设"丝绸之路经济带""21世纪海上丝绸之路"。2014年11月,习近平在中央财经领导小组第八次会议中强调,加快推进"丝绸之路经济带"和"21世纪海上丝绸之路"建设。2014年11月,习近平总书记在2014年APEC峰会上宣布,中国将出资400亿美元成立丝路基金,为"一带一路"沿线国家基础设施建设、资源开发、产业合作等有关项目提供投融资支持。同时,亚洲基础设施投资银行筹建工作已经迈出实质性的一步,创始成员国不久前在北京签署了政府间谅解备忘录。2014年12月,2014年中央经济工作会议提出优化经济发展空间格局。要重点实施"一带一路"、京津冀协同发展、长江经济带三大战略,争取2015年有个良好开局。

3. 实施阶段

对于"一带一路"的讨论在2015年全国两会期间持续升温,《政府工作报告》更是连续三次重点提及。已有超过20个省份正式印发相关的规划方案,"一带一路"正在从构想步入实施阶段。2015年2月1日,国家"一带一路"建设工作会议在北京召开,对重大事项和重点工作进行部署。2015年2月10日,中央财经领导小组第九次会议听取发起建立亚洲基础设施投资银行、丝路基金等重大事项贯彻落实情况的汇报。2015年3月,李克强总理在政府工作报告中三次提及"一带一路","一带一路"成为2015全国年两会出现频率最高的词。2015年3月,"一带一路"的愿景与行动文件发布。习近平在博鳌亚洲论坛2015年会发表主旨演讲时对"一带一路"做了重点阐释。

2016年8月20日,习近平讲解了"一带一路"倡议因为国际共识逐步形成、各领域合作不断深入以及标志性项目逐步落地,所以建设进度和成果超出预期。

2016年,是推进"一带一路"建设的关键之年。"一带一路"的重大战略构想,是时代发展的新要求,同样也是社会经济发展的新视角和新重点。丝绸之路不仅汇集了80%的世界文化遗产;而且涉及60多个国家,44亿人口,是世界上最具潜力的黄金带。

(三)"一带一路"的战略意义

"一带一路"沿线的总人口大概为44亿,占全球人口的63%左右,经济总量约21万亿美元,占全球的29%左右。"一带一路"作为国家提出的世界级顶层战略,对我国现代化建设和经济快速发展具有深刻的战略意义。当前正在推进的"一带一路"建设对海外投资布局主要有三点战略意义。

第一,增强了中国周边环境的稳定性。中国进行对外投资首先要考虑的就是资金安全问题,也就是中国周边安全环境问题。目前,一些国家对中国发展壮大存在忧虑,这加深了中国周边环境复杂性以及不稳定性。"一带一路"建设在安全上可弥补中国周边安全合作的短板,增强周边环境的稳定性。

第二,构建了我国对外开放的新格局。丝绸之路是联系中西方的国道和桥梁。改革开放30多年以来,我国对外经济形势出现重大转变。目前国内部分依靠拼优惠、拼资源的"三来一补"加工贸易模式的行业已经出现了产能过剩,资源能源主要依靠对外进口的问题,与我国社会经济的发展的轨道逐渐偏离。因此构建我国对外开放的新格局是势在必行的。"一带一路"建设能够帮助这类企业构建一个高水平"引进来"和大规模"走出去"共同发展,市场、资源、投资"三头"对外深度融合的新局面。

第三,增加了我国对外输出,鼓励我国企业加大对沿线国家基础设施的建设力度。中国是一个制造业大国,在全球拥有最多的外汇储备,和沿线国家产业相比有较明显的输出优势。在基础设施建设方面,我国与沿线国家薄弱的基础设施建设能力相比有着丰富的经验和能力。通过对沿线国家基础设施建设的支持与参与,使我国有了较为广阔的市场空间。就我国当前对于基础设施建设需求看来,我国基建需求已进入饱和状态,因此,中国迫切的期望能够去对外输出资本与基建产能,"一带一路"建设能够帮助我国打开新兴经济体与发展中国家基建需求的大门,为沿线国家的基础设施建设提供有力的资本支持与强大的技术支撑,这样将有效地完成国内供给与海外需求的有效对接,并实现双赢。

第二节 "一带一路"背景下的跨境投资

一、"一带一路"背景下跨境投资的现状

(一)投资增长迅速、总量规模稳步扩大但规模与发达国家和地区仍存在明显差距

根据商务部 2015 年公布的数据表明,2015 年我国境内投资者共对全球 155 个国家和地区的 6532 家境外企业进行了非金融类直接投资,累计实现对外投资 1180.2 亿美元,同比增长 14.7%。截至 12 月,跨境投资 138.9 亿美元,同比增长 6.1%,累计对外非金融类直接投资 8630.4 亿美元。值得注意的是,2015 年我国内地对美投资以及对东盟地区的投资增速较快,分别同比增长 60.1% 和 60.7%。同时,我国内地对我国香港地区、东盟、欧盟、澳大利亚、美国、俄罗斯和日本七个主要经济体的投资达 868.5 亿美元,占同期总额的 73.6%。中国跨

境投资取得了跨越式发展。

但与发达国家相比，中国跨境投资仅相当于美国对外投资存量的10.2%、英国的29.4%、德国的34.4%、法国的35.5%、日本的50.4%。作为世界第二大经济体和第二大吸引外国直接投资国，中国的对外投资规模与我国在国际经济中的地位是不相称的。其原因主要是我国起步晚、基础薄弱、经济结构不大合理以及增长模式有一定缺陷，和世界经济融合程度不够。

（二）跨境投资行业分布广泛，投资主体结构不断优化

根据商务部公布的数据显示，2016年上半年我国跨境投资覆盖国民经济20个行业大类中的18个，其中，投资额在10亿美元以上的行业有9个，而上年同期仅有4个，除传统的商务服务业、批发零售业以外，制造业、餐饮业等行业的对外投资均有较高速度的增长。虽然各个行业分布比率大致相同，但是数据显示我国对非传统行业的投资资金迅速上涨，说明非传统行业也逐渐被我国对外投资企业所青睐。在投资主体方面，近年来因国内劳动力资源短缺、环境污染等因素的影响，中国民营企业不断在技术上寻求突破，塑造符合自身国际品牌形象，从而达到拓展海外市场的目的，逐步成为我国"走出去"的主要力量。其中政府相关政策的支持，相关部门修改了跨境投资审批办法，放宽了跨境投资的限制，提高民营企业投资积极性。

（三）自贸区为中国民营企业"走出去"提供新平台

改革开放以来，中国民营企业虽取得重大发展，但与国有企业相比，其整体还存在着资金实力弱小，融资渠道窄等困难。民营企业融资难度高，其融资成本高、风险大是阻碍其发展的主要因素。而中国试点的自贸区鼓励双向投资，既鼓励中国企业通过自贸区"走出去"，也鼓励海外企业通过自贸区"走进来"，而且更强调以人民币或美元进行投资，使资本账户的处理变得很便捷，外汇管理方面的监管要求也相对放宽。自贸区的建立为中国企业尤其是民营企业"走出去"提供

了一个新的平台。

（四）中国企业积极参与全球基础设施建设，带动高新技术输出

经济一体化发展速度的加快，给全球基础设施的建设带来了新的机遇，区域内以及跨区域基础设施建设的重要性逐渐凸显。"一带一路"构想的提出不仅仅推进沿线各国与地区之间的网络实现互联互通，还提升了中国在全球治理和发展中的地位，巨大的投资空间促使更多的中国企业能够加入到全球基础设施的建设中来，带动中国高新技术的输出。

（五）中国企业对海外房地产的投资快速增长

受国内宏观调控加剧、土地价格持续走高、消费者观望加重等众多因素影响，全球房地产市场逐渐回暖，房地产企业积极"走出去"进行海外投资。2014年海外房地产投资金额为219.27亿美元，同比增长188%；而2015年海外房地产投资规模高达398.87亿美元，同比增长81.7%。同时，2016年仅上半年海外房地产投资案例数已经接近2015年全年的海外房地产投资案例数，根据中国企业对海外房地产投资高速增长的速度，我们可以预计中国房地产企业海外投资将进入全新阶段。

（六）投资地区高度集中，亚洲地区成为中国企业跨境投资的新出口

据商务部公布的数据显示，2016年上半年，我国对外直接投资的百分之六十都集中在亚太地区，其中主要是流向我国香港地区、东盟、拉丁美洲等。对我国香港地区的投资约158.2亿美元，东盟约12.4亿美元，拉丁美洲约68.7亿美元。对我国香港地区的投资约总投资的一半。亚洲地区基础设施投资需求巨大，是我国跨国投资重点地区，我国还专门成立了亚洲基础设施投资银行来满足建设融资需求。

二、"一带一路"背景下跨境投资的特点

(一)对"一带一路"相关国家的投资增长较快,重点项目亮点突出

2015年,我国对"一带一路"相关国家直接投资额合计148.2亿美元,同比增长18.2%,"一带一路"沿线将持续吸引中国的投资。2016年一季度,我国企业对"一带一路"相关国家的投资达35.9亿美元,同比增长40.2%。我国对"一带一路"沿线国家的投资增长迅速。政府牵头的机制化产能和金融合作正在对企业对外投资形成有力助推,引导中国海外投资进入以产能合作为特征的大规模、高增长的新时代。

(二)国际产能合作态势良好,地方企业对外投资势头迅猛

2016年一季度,我国对外投资流向制造业的有54亿美元,同比增长125.9%;特别是对装备制造业的投资为26.5亿美元,同比增长176%。随着中国跨境投资合作的不断深入,越来越多的地方企业开始走出国门,参与国际竞争与合作,取得了长足的进步,地方企业在对外投资中的作用持续增强。2016年上半年,地方企业对外直接投资258亿美元,接近去年同期的三倍,占全国对外投资的86.2%。其中,长江经济带沿线11个省市对外投资113.1亿美元,同比增长295%,占全国对外投资总额的37.8%,占地方对外投资总额的43.8%。地方企业突破传统,带领我国经济进入投资新局面。

(三)"一带一路"建设与国际产能和装备制造合作加快推进

商务部于2014年9月出台了新的《境外投资管理办法》,规定跨境投资企业实行备案为主、核准为辅的管理方式,只有不到1%的境外企业需核准。2016年上半年,我国企业对沿线国家制造业的投资总

额达 22.3 亿美元，约占同期总额的 7.5%，同比约增长 41.1%；其中对装备制造业的投资达 18.2 亿美元，在制造业对外投资中的占比超过一半，与去年相比，实现了近两倍的高速增长。推动国际产能和装备制造合作，是新阶段下以开放促进发展的必由之路，既有利于顶住经济下行压力，实现中高速增长、迈向中高端水平；也是与全球经济深度融合，在更高层次上嵌入世界产业链条，实现优势互补、合作发展的共赢之举。当前，利用我国优势产能，突出重点领域，推动国际产能合作，条件具备，机遇难得。企业"走出去"势在必得。

（四）企业境外并购步伐加快、领域广泛

2016 年，我国大型跨境投资并购项目投资领域呈现多元化趋势。统计期内，我国企业共实施海外并购项目 142 个，实际交易金额 165.6 亿美元，占同期对外投资额的 41.3%，这些并购项目涉及 36 个国家（地区）的 15 个行业。并购的行业不仅涵盖传统的能源资源领域和资产设备收购，还指向了技术升级。据不完全统计，2016 年 1 月份以来，国内企业披露海外并购交易金额超 1000 亿美元，这大大超过去年全年国内企业海外并购金额。

（五）"集群出海"成为中国企业"走出去"的新方式

质量提升取代规模扩张奠定我国成为净投资输出大国的地位。传统的投资模式已经不能适应日渐复杂的投资环境。"集群出海"是弥补传统投资模式不足的新方式，将目光集中与海外市场，可以促进企业有更广阔的发展。目前，我国大批的优秀民营企业在国际舞台上为中国的国际经济合作事业发展贡献力量。很多小微企业也采取"集群式走出去"，在提升自己效益的同时也提升了自己的风险防控能力。中国资本联合出海不仅改善了与海外项目在对接上面长期存在的代沟问题，还能帮助更多中国企业家抱团"走出去"，实现全球资产配置。

（六）上市企业成为对外投资的主要力量

中国上市企业 2015 年对外投资案例数在达到 400 多起，是非上市企业对外投资案例数的将近 4 倍。上市企业对外投资规模和数量大大超过非上市企业。在海外投资中，上市企业凭借其多元化的融资渠道，获得强大资金力量的支持，在海外投资过程中能够发挥更大的投资空间。同时，国家金融改革的不断深化及海外投资审批程序的简化，为上市企业对外投资的主要力量提供了外在的有利环境。

第二章 "一带一路"背景下中国资本跨境投资的驱动力与牵引力

第一节 中国资本"走出去"的驱动力(内生动力)

在当前"一带一路"的大背景下,中国资本跨境投资作为顺利实施该战略的重要方法与途径——"走出去"中必不可少的一环,就显得尤为重要了。中国的资本和企业已经迈开了"走出去"的步伐,并且发展的进程和当今其他新兴市场国家,甚至于和早年发达国家的资本与企业比较起来都显得更加迅速,这不由得让全世界都对中国充满了好奇与期待。究其深层次的原因,是中国悠久的历史文化背景以及"一带一路"建设带来的新契机为中国资本跨境投资提供了强大的驱动力,有助于中国企业海外投资能够更快"走出去"。总体而言,驱动力的来源包括以下方面。

一、历史发展的经验促使中国扩大对外开放,驱动了中国资本的跨境投资

受几千年来传统中华文化的影响,中国人的政治思维和文化理念被认为是"内向的",面对困难和挑战不愿求助于外部力量而更愿意诉诸内部再分配,这种思想渗透到中国的政治、经济、文化乃至社会生活的方方面面。与世界缺乏良好的互动和沟通,认为仅凭一己之力就可以自给自足的想法使得中国人在很长一段时间里对世界的认知严重落后。近代的闭关锁国更是导致了科技、国防以及经济发展远远落后

于西方世界各国，惨遭帝国主义列强侵略的历史使得中国人民深刻地认识到"落后就要挨打"的道理，于是人们开始打开门户积极接受外来先进的事物和思想，铆足劲发展经济，提升国防和科技实力，实现中华民族的伟大复兴。

党和国家领导人充分认识到经济的发展是提升国力的重要前提，为了实现国家的富强，让人民的生活得到改善，中国人民迎来了改革开放的大潮。改革开放让中国人开始真正从投资者、企业家的视角去了解外部世界。改革开放的三十多年里，特别是进入21世纪以后，外资大量流入与外贸高速增长，对中国经济的快速发展、人民生活水平的不断提高以及中国国际竞争力的增强都发挥了重要作用。当前，中国已发展成为世界上第二大经济体和第一大贸易国。这是100多年来发展中国家首次成为世界货物贸易冠军，也是中国继成为全球第二大经济体、最大外汇储备国和最大出口国之后又一突破[1]。通过继续深化改革开放，加速推进本国企业的国际化进程，助力中国资本投向海外市场，才能真正发挥出中国经济的比较优势。此外，中国对"走出去"战略的坚定实施以及积极开拓国际市场，鼓励企业开展国际投资和跨国经济合作的举动也成为驱动我国资本跨境投资的强大动力。

二、国内经济增长放缓，投资收益降低驱使国内资本开始青睐跨境投资以获取更多的收益

2008年的全球金融危机已经过去八年了，这八年里世界经济发展形势一度黯然，经济增长疲软，我国经济的发展不可避免地受到影响。另外，改革开放三十多年的经济飞速发展遗留下来的一系列问题也使得我国经济增速逐步放缓，投资效率明显下降，所以，我国资本开始将目光投向海外市场以寻求更多的投资收益。

---

[1] 重庆商报.4.16万亿美元，中国成为全球最大贸易国.[2014-03-02].http://news.sina.com.cn/o/2014-03-02/065929600070.shtml.

具体审视我国经济发展的现状，劳动力成本的提升促使许多行业不得不把资本投向市场需求更大、劳动力成本低廉的海外市场，比如东南亚的一些发展中国家。中国经济曾经的飞速发展主要得益于企业丰富且廉价的生产要素资源，比如由人口红利带来的大量廉价劳动力，这促使我国成为远近闻名的"世界工厂"，但随着我国进入老龄化社会的步伐加快，虽然劳动人口数并非下降很快，但是老年人口数增速显著，因此一直以来令我们引以为豪的人口红利优势将逐渐消失。另外，2013 年全国城镇非私营单位就业人员年平均工资为 51 474 元，与 2012 年的 46 769 元相比，增加了 4 705 元，同比名义增长 10.1%，增幅回落 1.8 个百分点。其中，在岗职工平均工资 52 379 元，同比名义增长 10.1%，增幅回落 2.0 个百分点。扣除物价因素，2013 年全国城镇非私营单位就业人员年平均工资实际增长 7.3%[①]。将通胀因素考虑进去后，我们可以发现，制造业的人力成本在最近几年仍然存在着大幅上升的趋势。以上数据可以表明我国目前的劳动力成本优势已经基本消失，这在一定程度上也促使中国的一些制造业企业为了降低生产成本而更愿意走出国门，因此也驱动了我国资本跨境投资的发展。

国家大力推进国内企业"走出去"，一方面可以学习国际上的先进技术从而推动产业升级，另一方面可以有效地拓展国外的市场需求，因此，中国的企业进行海外投资发展也迫在眉睫。"一带一路"沿线国家已经成为中国海外工程承包最为重要的目标市场，尤其是在基建领域的投融资合作还蕴藏着巨大的发展空间和商业机会。当前，我国经济增长放缓，深化与"一带一路"沿线国家的经贸合作可以促进中国经济转型期的平稳过渡。近年来，中国与沿线国家之间的贸易规模稳步上升。"一带一路"沿线国家大多还处于工业化初期阶段，在发展规模、资源禀赋及产业结构等方面，与我国经济存在很强的互补性。特别是针对一些如非洲和东南亚的国家，因为它们具有丰富的物产资源和廉价的人力成本，因此可以为我国企业提供更多的战略选择，达成

---

① 新华网. 统计局：2013 城镇非私营单位就业人员年平均工资 51474 元. [2014-05-27]. http://news.xinhuanet.com/fortune/2014-05/27/c_126554110.html.

利润率空间更高的跨境投资目标。通过实施跨境投资战略，对我国来说可以实现产业结构的优化，对沿线国家来说可以为他们提供大量的就业机会和税收收入，这样就能够形成互利共赢的局面。

在中国经济进入新常态的时代背景下，中国既面临着来自国际外部环境趋于复杂化的影响，也受到国内环境恶化、改革缓慢等不利因素的干扰，在这些因素的综合影响下导致了中国经济增长疲软的态势。但实际上这也透露出一个信号，也就是政府不再以牺牲环境作为拉动经济增长的代价，并开始着手进行产业结构调整、经济体制改革以实现我国经济的可持续发展战略目标。从目前的形势来看，中国企业跨境投资只是刚刚开始，真正的大潮还在后面，我们可以预见到，未来中国资本会有一个更大的数量投向海外，并且在未来全世界的各国跨境投资中，中国会占有相当大的份额，中国将成为全球资本输出大国。

三、民营企业发展迅猛，但国有企业的雄厚实力使民营企业在国内市场的增长空间有限，从而促使其寻求海外投资机会

尽管在改革开放以后，我国的民营企业获得了很大的发展，以致占GDP总量的70%都来源于非国有部门（包括外资企业），同时大量的公有经济也实现了产权重组变成非公有经济，但国有企业历史悠久，根基深厚，拥有更加雄厚的资本实力和较优秀的人力资源，和民营企业相比更具有"走出去"的实力。国家对企业提供的公共服务，也较为容易在国有企业的经营业务中得以实现，因此，第一批"走出去"的中国企业大部分是国有企业。随着市场竞争的加剧，民营企业逐渐崛起并为了能够更好地在市场中生存下去而寻求更广阔的发展，渐渐把竞争目标转移到了海外市场。

纵观最近数十年我国企业的国际化历程，我们可以发现我国民间的跨境投资其实已经早早起步并逐渐成为中国跨境投资的领头人，成为"走出去"战略有效实施的重要力量。在国际市场上进行投资活动的不少民营企业，大多因为规模较小而形成不了"大的气候"，不为人

所知，也不被媒体报道，这就给国人甚至世界上的许多人一个主观印象：中国企业"走出去"的主要是国有企业。于是连华为、中兴这样发展良好的私人企业，也因为规模较大而被很多人误以为是国有企业。近年来，中国民营企业在跨境投资上表现出了浓厚的兴趣和极大的积极性，民营企业在跨境投资流量的占比也持续增加，并逐渐成为中国企业海外投资和并购的生力军。尤其在美国市场，民营企业的投资总额占中国对美投资总额的76%，民营企业在美投资项目总数已占中国对美投资项目总数的90%。国有企业在中国企业对外直接投资中占比不断下降，根据商务部等统计资料，工商登记注册为"国有"性质的企业对外直接投资比例已降至55.6%[①]。民营企业想要在竞争激烈的市场上与国有企业竞争，必须不断发展壮大企业规模，提升企业核心竞争力。广阔的海外市场拥有巨大的市场需求量，跨境投资也能给企业带来先进的技术、科学的管理经验、丰富的资源等，这对企业成为国际化的跨国大公司大有裨益。

四、政府出台的"一带一路"相关政策让企业更加积极主动从事跨境投资

自"一带一路"倡议提出以来，政府出台了一系列政策措施来推进"一带一路"倡议的顺利实施，这使得中国对跨境投资有了更多的信心和保障，也为众多的中国企业在海外市场上的竞争提供了更多的支持和机会，因此更多的企业开始积极、主动参与到跨境投资的时代潮流中。

为了给中国与东盟各国开展双边自由贸易奠定良好的政治、经济、法律基础，政府出台了《中国东盟自由贸易协定》，以此来加强和增进协定各国之间的经济、贸易和投资合作。《中国东盟自由贸易协定》

---

① 环球网．华媒：中国资本走出去，机遇与挑战并存．[2015-01-19]. http://oversea.huanqiucom/article/2015-01/5435906.html.

为中国与"一带一路"沿线其他国家发展贸易交流提供了重要的参考经验。为了让国内旅游业抓住"一带一路"建设的新机遇,政府积极实施了旅游业的"请进来"和"走出去"战略。《国务院关于促进旅游业改革发展的若干意见》给中国旅游业积极融入"一带一路"建设提供了方向性、指导性意见。为了给"一带一路"建设营造公平公正、健康高效的经济环境,也为了给"一带一路"建设打造安定和谐、开放包容的社会环境,国家提出了司法护航"一带一路"。最高人民法院更是出台意见,要求各级人民法院切实为"一带一路"建设提供司法服务和保障,这是对跨境投资风险防范的有力保证。

在跨境投资过程中,中国企业特别是民营企业往往面临着融资难、融资成本高的问题,这极大地阻碍了中国企业"走出去"的步伐。为了保证"一带一路"建设的顺利进行,中国政府发起成立了一系列金融机构作为"一带一路"的配套设施,支持中国企业大力开展跨境投资,如表 2.1 中的丝路基金、金砖国家开发银行、亚洲基础设施投资银行,并且加快了人民币的国际化进程。这些资金融通政策为"一带一路"建设的顺利进行提供了强大的投融资支持。

表 2.1 中国主导的国际性金融机构

主要银行	最早提出	参与国家	资金规模	投资方向	筹备进展
亚洲基础设施投资银行	2012 年	中国、俄罗斯、韩国等 57 个国家	1 000 亿美元	向本地区发展中国家基础设施建设提供资金支持	2015 年 12 月 25 日正式成立
上合组织开发银行	2010 年	中国、俄罗斯等上合组织成员国	待定	上合组织区域内大项目	研讨中(亚信峰会进展)
金砖国家开发银行	2012 年	金砖成员国	1 000 亿美元	发展中国家基础设施建设	2014 年 7 月 15 日正式成立
丝路基金	2014 年	中国	400 亿美元	有战略意义的中长期项目并提供相应的投融资服务	2014 年 12 月 29 日正式成立

资料来源:根据外交部网站信息整理。

五、综合国力的增强使得我国在世界贸易中拥有了更多的主动权和话语权，助力我国跨境投资的持续增长

经过改革开放三十多年的快速发展，我国已经跻身于世界最重要经济大国的行列，经济的发展也带动了我国科技、国防等领域的不断发展壮大，我国的综合国力持续稳步增强，国际地位显著提高。这为我国全面提升国际影响力、凝聚力和引领全球正能量以促进中国与世界经济的可持续发展提供了重大的战略机遇。为了在更加广阔的全球视野下积累和创造更多实现这一目标的有利条件，我国必须制定适合自身发展的战略目标，并且争取在全球经济发展中发挥更大的作用。因此，实施"走出去"战略，提升中国企业全球资源配置能力的紧迫性和必要性日益显著，这也为中国资本的跨境投资提供了增长的持续动力。

当前，中国已成为经济全球化的重要参与者并且发展势头强劲，中国在其中所发挥的作用也越来越大，我们需要鼓励更多的中国企业走出国门参与到世界经济的发展进程中。依据国家发展的经验来看，我国已经具备大力培育跨国投资企业的基础和条件，中国资本跨境投资流量对世界跨境投资增长的贡献率逐年上升。尽管我国企业"走出去"战略发展势头良好，但和国际水平比较来看，我国跨境投资的相对水平仍然低于发展中国家平均值，仍然具有广阔的发展空间。自从我国实施"走出去"战略以来，跨国公司从无到有，跨境投资规模从小到大，取得了前所未有的成就。根据商务部和国家统计局 2015 年 9 月最新公布的数据，截至 2014 年年底，我国 1.85 万家境内投资者在国（境）外共设立跨境的投资企业 2.97 万家，分布在全球 186 个国家（地区），境外企业资产总额 3.1 万亿美元。跨境投资存量达到 8 826 亿美元，按国家（地区）全球排序，已经由 2002 年的第 25 位上升到第 8 位。从投资流量来看，2014 年我国对外投资达到 1 231 亿美元的历史新高，居全球第三位；已经十分接近同期利用的外资（1 285 亿

美元）规模。从 2015 年起我国已由跨境直接投资净输入国转变为净输出国①。

在经济全球化的时代背景下，中国企业亟须通过实现国际化转型来提升自身的核心竞争力。只有通过国际化，才能不断地增强自身的核心竞争力，才能在异常激烈的国际市场竞争当中处于优势地位，才能在对外贸易中拥有更多的主动权和话语权。企业通过"走出去"，让生产要素能够跨国界流动，这样就能从蕴含着更多市场潜力的全球化贸易中谋求更加丰厚的利润。

第二节　"一带一路"涉及国家需求发展的牵引力（外部动力）

"一带一路"沿线国家从古至今都是中国重要的经贸合作伙伴，但是合作广度和深度还不够，并没有成为我国最主要的贸易伙伴。随着近年来发达国家的经济发展趋于饱和，而广大的发展中国家因具有广阔的市场潜力且经济增长速度加快，从而逐渐成为中国资本跨境投资的目的地。由于金融危机的冲击，中国同以往贸易伙伴之间的合作空间受到了极大的影响，因此中国开始转变思路拓展其他的贸易市场。一方面，"一带一路"沿线国家人口众多，市场需求巨大，但同时经济发展水平普遍不高，对中国质优价廉的商品潜在需求大；另一方面，"一带一路"沿线国家不仅涵盖的地域范围辽阔，而且大多数分布在我国的周边和周边战略延伸地带，其战略地位的重要性不言而喻。加强与这些国家的经济合作，有助于为我国营造和谐稳定、互动良好的周边环境，构建互利共赢的合作网络，同时为我国和周边区域的经济繁荣及可持续发展奠定了牢固的基础。沿线国家普遍具有与我国加强合

---

① 商务部. 2014 年度中国对外直接投资统计报.[2015-09-17]. http：//hzs.mofcom.gov.cn/article/date/201510/20151001130306.shtml.

作关系的强烈愿望,尤其对中国的企业到当地投资持欢迎态度,因此,"一带一路"将为我国跨境投资提供持续增长动力。

具体分析"一带一路"对我国跨境投资的牵引,我们认为来源于以下几点:

一、"一带一路"沿线国家的强大市场需求及其政府的大力支持对我国资本跨境投资的牵引

首先,"一带一路"沿线国家的经济发展具有强大的市场潜力,并能和我国当前经济发展形势形成优势互补。一方面,"一带一路"沿线国家大多自然资源丰富,但因为开采技术普遍落后,导致资源开发水平较低;另一方面,中国目前正处于工业化快速发展的阶段,对各种资源的需求较大,因此中国通过投入资本和技术,帮助"一带一路"沿线国家开发资源,这样不仅能够促进当地的经济社会发展,还能保障中国的能源和原材料供应,从而带动整个区域的经济发展。"一带一路"沿线多数国家的劳动力成本明显低于我国,企业在这一区域的投资不仅拥有巨大的市场空间和潜力,而且可以充分利用投资东道国的低成本优势、促进产业转型升级和跨境布局的有利条件。我国和沿线多数国家已经具有良好的经济合作基础,近10年来相互之间的贸易、投资和工程承包业务的增长都明显快于我国对全球平均增长水平。区域合作的不断扩大和加强将为我国的跨境投资带来新的长期持续增长动力,同时,与广大发展中国家展开经贸合作,还可以促进我国对外贸易投资格局的平衡与可持续发展。

其次,"一带一路"沿线国家对深化区域合作的重视和支持为中国资本在境外的投资提供了有力的支撑。尽管"一带一路"构想由中国提出,但实际上这是一个沿线国家互利共赢的战略,它能够促进带动沿线国家从区域合作中分享经济增长的红利。一般来说,小国间的区域合作相互之间的经济带动效应并不明显,但是和大国合作可以给小国带来显著的福利。当今世界,小国实现其大国战略的有效方式之

一就是与大国联盟来扩大自身利益以缩小与大国的差距。近年来，中国以周边国家为基础建立的自由贸易区，其成员方当地的经济得到了明显的驱动，且带动水平普遍超过中国的经济增长。由此可见，"一带一路"对各成员国来说，"创造利益"远超过"避免损失"。

"一带一路"沿线国家多数是发展中国家和新兴经济体，基本都处在经济发展的紧迫阶段，并且树立着加快国内经济结构转型升级的目标。当前，驱动世界经济前进的已不再是多边贸易体系，而是把区域经贸合作当成对外贸易战略的重要方式，并且各个国家都在最大限度地争取和他国形成优势互补，从而探索出更加符合本国国情的发展战略。"一带一路"建设作为一个区域合作战略能够有效促进沿线国家扩大相互交流与合作，同时，进一步发挥每个国家自身的比较优势，让区域内的要素可以自由流动，从而提高了资源配置效率，推进了市场深度融合，为合作组织成员国创造了新的竞争优势。

最后，欧洲各国对"一带一路"建设的支持和融入为中国资本跨境投资提供了更加广阔的发展空间。第二次世界大战过后，欧洲的经济霸主地位被美国所取代，欧洲经济也逐渐更加依赖于美国。然而在这几十年里，欧盟和美国之间的竞争从未间断过。先是欧元刚刚问世就被美国通过科索沃战争进行了打压，然后是在金融危机时，美国对以欧洲资金为主的雷曼兄弟公司的破产置之不理，美国的这些做法让欧洲既心寒又无奈。而当欧盟深陷"欧债危机"的泥淖并且面临一体化进程的严峻考验时，是中国在一直坚定不移地支持着欧元和欧洲经济的一体化[①]。历史经验表明，欧洲不能单纯指望着和美国联手来实现欧洲经济的振兴，欧洲必须不再单纯依靠美国，而应该寻求一条崭新的复兴之路。为了推进区域经贸合作，尽管欧洲曾提出了地中海联盟、俄欧新关系等发展思路，但并没有达到预期的目标。

中国提出的"丝绸之路经济带"不仅包含中亚、南亚、西亚以及东北亚地区，然后会多条线路汇合并一起通向欧洲。21世纪海上丝绸

---

① 新华网综合. 假如欧元真被打成二线货币.[2010-05-27]. http://news.xinhuanet.com/fortune/2010-05/27/c_12148689.htm.

之路则是通过海路来使欧洲、亚洲和非洲连成一个整体,并且和陆上丝绸之路经济带遥相呼应,最终形成一个海陆闭合区域、亚欧大陆经济合作的大格局。我们有理由相信,"一带一路"建设达成的经济合作范围,最后收获的效果绝对会远远超出欧洲国家的预想。因此,对于欧洲来说,"一带一路"是其必须牢牢把握住的崭新机遇,也是符合欧洲自身利益发展格局的有利选择。显然,欧洲开始明白一个强大的中国可以对其经济发展起到巨大的牵引作用,所以欧洲各国政府史无前例地从战略的高度极力推进中欧合作并且积极融入"一带一路"。

二、联系紧密的区域经贸合作对跨境投资形成牵引力

世界经济竞争异常激烈,单一国家在经济全球化中一定程度上处于弱势地位,但是由多个国家组成的区域性经贸合作组织可以使其作为一个整体,从而能够提升他们的实力以及在世界贸易中的谈判地位,另外,在应对和抵御全球经济风险方面比作为单一国家水平更高。所以对于单一国家来说,能够加入实力雄厚的区域性经济合作组织,不但能够和组织中的成员国形成资源互补,从而促进区域经济发展、拉动跨境投资,还能够为自身获得更广阔的发展空间。为了让"一带一路"沿线国家的联系更加紧密,交通运输的便利必不可少,因此建设国际大通道,打造新亚欧大陆桥、建立多条国际经济合作走廊,才能形成更大范围、更宽领域、更深层次的区域经济合作新格局,从而通过跨区域的多边经贸交流与合作提升中国在全球经济市场上的竞争力,同时,这对于中国企业的资本跨境投资牵引作用是十分巨大的。

近年来,中国与"一带一路"沿线国家的经贸合作水平不断提高,合作程度也不断深化。为促进经济要素的自由有序流动、资源的高效配置和市场的深度融合,使双方贸易投资持续发展,挖掘中国和沿线国家之间的贸易投资潜力,截至2016年7月中国已经和34个国家签署了合作宣言,明确提出了牵引"一带一路"双边贸易投资发展的协议。表2.2列举了几个宣言和协议的签署国家、协议名称和签署时间。

表 2.2　中国与合作国家签署的协议

国家	宣言或协议名称	签署时间
俄罗斯、蒙古	建设中蒙俄经济走廊规划纲要	2016年6月23日
阿富汗	中阿关于共同推进"一带一路"建设的谅解备忘录	2016年5月15日
捷克	"一带一路"建设谅解备忘录	2015年11月26日
波兰	"一带一路"建设谅解备忘录	2015年11月26日
保加利亚	"一带一路"建设谅解备忘录	2015年11月26日
斯洛伐克	"一带一路"建设谅解备忘录	2015年11月26日
塞尔维亚	"一带一路"建设谅解备忘录	2015年11月26日
哈萨克斯坦	中国发改委与哈萨克斯坦国民经济部关于共同推进丝绸之路经济带建设的谅解备忘录	2014年12月14日

资料来源：根据外交部网站信息整理。

2016年6月23日，在中国、俄罗斯、蒙古三国领导人的共同见证下，三个国家的有关部门负责人在《建设中蒙俄经济走廊规划纲要》上郑重签字。这份协议的签署，标志着"一带一路"的第一个多边经济合作走廊正式开始实施，中蒙俄三国互利共赢的合作模式开始迈入崭新的历史性阶段[①]。中蒙俄经济走廊建设充分体现了共商、共建、共享的合作原则。规划纲要以对接"一带一路"、欧亚经济联盟、"草原之路"倡议为目标，强调平等、互利和共赢，坚持三方协商一致。俄蒙将积极支持中方企业在本国开展经济活动，为双方商品、服务、投资以及工程和其他相关人员进入对方市场创造平等互利条件。

2016年5月15日至18日，李克强总理与阿富汗首席执行官阿卜杜拉会面。中方表示愿帮助阿富汗推进同周边国家互联互通，将中国的"一带一路"倡议同阿富汗国家转型和发展战略对接。王毅外长和拉巴尼外长共同签署了《中阿关于共同推进"一带一路"建设的谅解

---

① 张军.共绘中蒙俄合作新蓝图.人民日报，2016-06-24.

备忘录》，明确了共建的目标、原则及具体合作内容。双方将为开展贸易、投资、技术等领域的合作创造良好条件并保障对方国家公民在本国境内的安全和合法权益得到有效保护，双方还将履行各种合作组织的义务①。

2015年11月26日，国家主席习近平在北京会见了来华出席第四次中国—中东欧国家领导人会晤的中东欧16国领导人。会见后，习近平和波兰总统、塞尔维亚总理、捷克总理、保加利亚总理、斯洛伐克副总理见证了中国同五国分别签署政府间共同推进"一带一路"建设的谅解备忘录。各国将与中国进一步推动经济技术合作，努力构建双边投资合作平台，支持各类企业发展。

中国与哈萨克斯坦在2014年12月发布的《联合公报》中提出，中方和哈方都十分支持对方产品扩大对其出口。双方将继续深化边境合作，包括海关政策协调、通关便利化合作、各种税收及运输费用协调等。中哈将大力促进在非资源领域的合作，加强双方在重要产业领域的互利合作，比如化工、机械、信息技术、食品加工、新能源等；双方将签署新版《中哈关于鼓励和相互保护投资协定》，为双边投资和经济技术合作提供便利条件。

我们可以看出，尽管"一带一路"沿线国家的经济发展水平不同，中国与各国在贸易投资方面的合作水平也并不相同，但"一带一路"倡议的提出，成为中国与各国加强合作的纽带。根据自身水平，各方都在积极推进贸易投资领域的合作，这也为中国资本的跨境投资带来了更多的发展机遇。

三、人民币国际化对跨境投资的牵引作用

第三届"新丝绸之路"："在中东的集资与投资"大会发布的一

---

① 外交部网站. 驻阿富汗大使姚敬在阿主流媒体发表署名文章《"提升之旅"加深中阿友谊》，2016-05-25.

份报告显示，近 3/4 的受访中国投资者认为，在中东、北非的贸易和投资对中国未来经济发展至关重要，人民币国际化已经成为牵引跨境投资活动的关键推动因素。人民币国际化可以有效促进我国资本的跨境投资与并购活动的顺利实施，增强我国在全球贸易市场上的话语权。

首先，因为我国的金融市场和资本账户还没有完全对外开放，要想让我国企业顺利进行跨境资本投资，必须先将人民币兑换成国际通用的货币。但这样一定程度上增加了企业的汇兑风险，同时还要让企业面对烦琐的审批程序、配额限制等诸多的现实问题。其次，因为制度环境的差异，国内企业在推进海外合作和投资时受到的限制较多，因为国际经贸秩序的制定基本上由发达国家所控制，使得在全球贸易中发展中国家常常处于劣势地位，从而无法掌握谈判的主动权以及缺乏充分的话语权。

当人民币国际化以后，其将成为世界通用货币之一，这样我国的企业在跨境投资时就可以直接使用人民币。它带来的好处是十分明显的，一方面能够一定程度上规避掉国内产业政策对跨境投资的限制，加快中国企业"走出去"战略的实施；另一方面企业通过海外并购可以快速拓展海外市场、积极参与国际竞争，从而更好地提升和发挥企业的核心竞争力，获取在国际市场中的主导权，继而实现企业自身的升级转型，同时还能带动国内相关领域的产业更新升级。金融服务是全球价值链上的高端环节，我国的金融国际化服务能力以及竞争力将因人民币国际化而得到提高，同时这也为我国资本的跨境投资提供了助力。

近年来，中国积极推动人民币国际化的措施已经取得了让人瞩目的成就。人民币目前是全球第五大贸易结算货币，并被 IMF 批准纳入一篮子储备货币（SDR），这些都反映出人民币国际地位的提升。伴随着更多的中国产能与资本走向世界上更多的国家，人民币的国际化进程也将继续加快。中国与"一带一路"沿线国家之间逐渐增多的贸易、投资也将大量使用人民币来进行交易。同时，与"一带一路"沿线国家经济合作的不断加深，将扩大人民币在区域内被当作结算货币、交易货币甚至是储备货币的使用范围。当前已经有一些沿线国家的中央银行与中国人民银行签署了货币互换协议，这对于促进我国资本的跨境投资顺利进行具有非常积极的作用。

表 2.3 年度经常项目人民币结算金额　　单位：亿元

	货物贸易	服务贸易及其他	合计
2009 年	32	4	36
2010 年	4380	683	5063
2011 年	15 606	5202	20 808
2012 年	20 617	8764	29 381
2013 年	30 189	16 109	46 298
2014 年	58 974	6565	65 539
累计	129 798	37 327	167 125

数据来源：中国人民银行。

表 2.3 记录了 2009 年到 2014 年的六年间以人民币作为结算货币的金额。随着人民币国际化进程日趋加快，人民币跨境贸易结算量明显增加，越来越多的国家愿意采用人民币进行贸易结算，人民币离岸债券发行量不断上升，一些国家还希望将人民币纳入本国的外汇储备资产。2015 年 6 月 11 日，中国人民银行在其官方网站发布《人民币国际化报告（2015 年）》。报告指出，2014 年，人民币的国际使用继续保持较快的发展速度，人民币跨境收支占本外币跨境收支的比重上升至 23.6%，离岸人民币市场进一步拓展，人民币国际合作不断深化。据环球银行金融电信协会（SWIFT）统计，2014 年 12 月，人民币成为全球

第二大贸易融资货币、第五大支付货币、第六大外汇交易货币[①]。"一带一路"建设有利于中国与沿线国家间的经贸往来和货币合作，有助于沿线国家人民币离岸金融中心的建立，扩大人民币的使用范围，进而提高人民币的国际化程度并且促进了对外投资活动的开展。

短期来看，在人民币的国际化进程中，尽管汇率波动的加大会使得企业跨境投融资的汇率风险水平上升，但从长期来看，人民币国际化最重要的一个意义就是人民币将成为国际贸易和投资中被普遍接受和使用的支付货币，这样最终将能够有效减少跨境投融资的汇率风险。因此，当人民币实现国际化时，企业在进行对外贸易和投融资时将不再需要使用其他货币作为支付货币，可以直接使用人民币，这将大大降低汇率风险，同时能够有效降低企业为了化解汇率风险而投入的管理成本。

人民币国际化以后，境内企业"走出去"的战略便可以顺利而快速地实现，境外企业也会因为投资收益回流不再受到限制，从而"走进来"的意愿不断提高。一方面，境内企业通过"走出去"战略，可以积极寻求合作和并购，有利于短期内快速获取创新和知识产权，同时通过合作积极学习国际先进企业的管理经验。另一方面，境外投资者和企业的"走进来"，可以使得国外更多的企业和机构参与到国内企业的经营与管理中来，能为国内企业带来先进的管理制度及理念，同时加大企业在国际市场中的竞争砝码[②]。人民币国际化和我国企业资本的跨境投资实际上具有相互推动的作用，它们是相辅相成的。人民币国际化可以促进跨境投资的迅速有效进行并且降低汇率变动带来的投资风险，而更多的跨境投资活动也会进一步促进人民币被国际市场上越来越多的国家接受，提升人民币的国际化地位。

---

① 中国人民银行官网.人民币国际化报告（2015 年）.[2015-06-12].http://www.360doc.com/content/15/0612/10/20625606_477568585.shtml.
② 国际金融报.人民币国际化"相益"对外投融资.[2014-05-27].http://www.qstheory.cn/economy/2014-05/27/c_1110878970.htm.

四、世界经济治理需要中国发挥日益重要的作用，与此同时也牵引了我国跨境贸易和投资的大力发展

自金融危机爆发以后，全球经济贸易与投资秩序发生了翻天覆地的变化。WTO作为全球贸易规则与秩序主要框架的地位岌岌可危，尽管 WTO 对全球经济融合与经济增长发挥了巨大的作用，但是多哈回合谈判的失败让人们发现 WTO 在规范组织内成员国的贸易秩序方面遭遇到了瓶颈，因此世界对一个全新的国际贸易秩序的需求不断增强。国际投资秩序一直以来都主要实行双边的投资协定，在世界范围内并没有达成意见统一的投资协定，因此现在十分需要制定一个可以有效促进全球范围内各国间相互投资的统一新秩序。

近几年来，美国一直在积极推进建立以 TPP（跨太平洋伙伴关系协定）和 TTIP（跨大西洋贸易与投资伙伴协定）为主要框架的全球贸易与投资新秩序。2016 年 2 月，美国、日本、澳大利亚等 12 国正式签署 TPP 协议，和 WTO 规则进行比较可以看出，TPP 覆盖范围更全、领域更广、标准更高，尤其是在环保标准、劳工标准等方面的高要求直接将广大发展中国家排除在这一框架外。以美国为主导的 TPP 和 TTIP 谈判几乎囊括了我国的主要贸易伙伴，并对我国参与国际竞争设置重重障碍，使中国有可能处于被边缘化的危险[①]。但我们更应该注意的是，后金融危机的到来，新兴经济体对世界经济增长的贡献日益突出，而当前国际贸易与投资秩序仍然由发达国家所主导，这显然与新兴经济体的经济地位不相符。

经济全球化发展到今天，国际跨境投资已逐渐超越一般商品贸易成为世界经济的主题，并直接决定着经济发展的趋势。然而发达国家往往会采取主导资本的国际化运营来改变经济全球化进程当中的利益安排，从而让发达国家成为经济全球化的最大受益者，而广大的发展中国家却在此过程中始终处于不利地位，发展中国家谋求生存与发展

---

① 华尔街见闻.TPP"真的"来了！12 国正式签署 TPP 协议.[2016-02-04].https://wallstreetcn.com/articles/229732.

空间的困难进一步增大。为此，我国更需要积极参与世界经济的治理和整合过程，同时不断增强国家的综合实力，提升国家的国际地位。

中国作为世界上最大的发展中国家、世界第二大经济体，既拥有与众多发展中国家普遍类似的贸易环境和条件，又通过新一轮改革开放释放出的巨大溢出效应给贸易合作伙伴提供了新的发展机遇，因此，中国通过新的区域合作模式完全具备条件以应对美国TPP和TTIP战略所带来的外部挑战。"一带一路"既涵盖了西欧、日韩等发达国家，也包括中亚、东欧等原苏东国家，同时还涉及南亚、西亚、非洲等第三世界国家。提出"一带一路"倡议，体现了发展中国家在国际经贸投资秩序制定中话语权的提升，也有利于提升发展中国家的国际地位。"一带一路"倡议的宗旨就是互利共赢，带动沿线国家的经济发展，将中国改革开放以来的经济发展成果与各国共享，进而融入到区域经济发展进程中。因此，相对于高标准的TPP协定，"一带一路"倡议自问世以来更加受到广大发展中国家的欢迎。更为重要的是，"一带一路"倡议只是为当前全球经贸投资秩序提供了新思路，并不是要代替现有合作机制和倡议，而是在当前现有的国际合作基础上，推动中国与沿线更多的国家实现发展战略的对接。

中国在发展本国经济的同时，仍然致力于拉动其他的发展中国家共享经济发展的成果，"一带一路"倡议体现了中国作为一个负责任的经济大国为了承担起自己肩上的责任对全球经济治理的参与、引领，而不仅仅是作为一个追随者。尤其在致力于推动建立旨在维护公正与公平的世界经济新秩序方面，中国更是发挥了一个大国的积极作用，试图努力缩小发达国家与发展中国家之间的不合理经济差距，从而推动建立更加健康与可持续发展的世界经济体系。贸易投资合作是"一带一路"建设中的重要内容，因此随着"一带一路"各项具体措施的逐渐落实，中国将完成从贸易大国向贸易强国的转变，同时，"一带一路"建设将会大力推进我国资本跨境投资的便利化，拓展各国间相互投资的领域，拉动中国跨境贸易和投资的大力发展，从而助力中国成为世界经贸投资的中心。

第三章 "一带一路"背景下中国跨境投资的现状、问题与风险

第一节 "一带一路"背景下中国跨境投资现状

一、"一带一路"背景下的中国跨境投资历史与成绩

（一）"一带一路"倡议的提出背景

"一带一路"倡议是由中国在后金融危机时代的背景下提出的，党中央结合"丝绸之路经济带"和"21世纪海上丝绸之路"两大战略，提出了该构想。党的十八大以来，中央对我国对外开放问题上的大思路和战略思维最有代表性的就是"一带一路"倡议。"一带一路"倡议是我国当前以及今后较长时期内国家统领性战略，是一个合作倡议，表明中国进一步扩大开放的决心，也是实现地区性大国向全球性大国转变的重要途径。"一带一路"的提出引起了中国开放经济，甚至是世界经济当中的一个显著的变化，具有里程碑的意义。

表 3.1 "一带一路"倡议发展历程

2013 年 9 月 7 日	习近平访问哈萨克斯坦时，在纳扎尔巴耶夫大学演讲中首次提出建设"丝绸之路经济带"的宏伟构想
2013 年 10 月	习近平访问东盟成员国时，为进一步深化中国与东盟的合作，提出"21 世纪海上丝绸之路"的战略构想
2013 年 11 月	党的十八届三中全会正式将"一带一路"建设列入《中共中央关于全面深化改革若干重大问题的决定》

续表

2014年	习近平先后访问了中亚、东南亚、东北亚、南亚等周边13个国家，中国相继宣布成立亚洲基础设施建设投资银行和丝路基金，从"一带一路"构想迈入"务实合作阶段"
2015年3月	中国政府制定并发布《推动共建丝绸之路经济带和21世纪海上丝绸之路的愿景与行动》，至此"一带一路"建设进入了全面推动阶段（姜巍、张苑航，2015）
2015年10月	党的十八届五中全会公报再次强调，为更好推进"一带一路"建设，必须加强同有关国家和地区全方位、多领域的互利协作，推进国际产能和装备制造合作，打造陆海内外联动、东西双向开放的全面开放新格局（于津平、顾威，2016）
2016年8月	习近平在推进"一带一路"建设工作座谈会上指出，要切实推进统筹协调，坚持陆海统筹，坚持内外统筹，加强政企统筹

资料来源：根据百度百科发布资料整理。

（二）"一带一路"建设的意义

1. 探寻经济增长之道

当前国内经济发展进入新常态，经济下行压力巨大，加强跨境投资力度有助于促进国内经济增长；中国为推进国际产能和装备制造合作，打造陆海内外联动、东西双向开放的全面开放的经济增长模式，提出"一带一路"倡议。通过推进"一带一路"建设，中国将自身优势转化为合作优势，与沿线国家共同分享中国发展的红利、经验和教训。中国将着力推进与沿线国家之间的合作与对话，建立平等互助的合作伙伴关系，推动世界经济长期稳定的发展。

2. 实现全球化再平衡

"一带一路"涉及几十个国家，几十亿人口，中国作为一个大国，提出"一带一路"倡议，体现了中国在开放经济过程中的国际地位不断巩固。中国主动构建合作框架，让全世界国家共同参与，对沿线国家的经济发展也有重要作用。传统全球化由海而起，由海而生，形成巨大的贫富差距。"一带一路"建设不仅有助于提升产业结构,缩小产业差距(邹嘉龄、刘春腊、尹国庆、唐志鹏,2015),同时在历史、文化、国际交往等方面实现全球化再平衡,推动建立平等互助、共同繁荣的和谐社会具有深远意义。

3. 开创地区新型合作

中国的改革开放是迄今为止当今世界的一项创举,而由中国提出的"一带一路"倡议更有划时代的意义。"一带一路"作为全方位对外开放战略,对解决中国产业结构不尽合理、区域发展差距较大等问题有很大的益处,它有助于沿海地区过剩产能向中西部地区乃至国外转移,提升产业结构,缩小区域差距。"一带一路"强调共商、共建、共享原则(王义桅、郑栋,2015),超越了传统发展经济学理论,沿线国家都是自愿、平等的参与者,共同推进经济长期稳定的发展,为 21 世纪的国际间合作模式带来新的构想。

(三)"一带一路"背景下中国跨境投资的成绩

1. 地域分布更加广泛

"一带"横贯东西、连接欧亚,主要从陆上向西开放,经由中亚、俄罗斯、蒙古、西亚至欧洲,将我国与中亚、中东欧、西亚和欧洲国家紧密联结起来,形成新亚欧大陆桥经济走廊和区域合作带。"一路"濒临两洋、连接陆海,主要从海上由东向西开放,经由南海、印度洋进入地中海延伸至欧洲,串起东盟、南亚、西亚、东非、北非及欧洲等大区域经济板块,形成面向南海、太平洋和印度洋的亚欧非合作战略经济带。"一带一路"依托东亚经济圈、欧盟经济圈和北非经济圈,沿线大多是新兴经济体和发展中国家,总人口约 44 亿,经济总量约 21 万亿美元,分别约占全球的 63%和 29%[①]。

---

① 人民日报:深化经贸合作共创新的辉煌. [2014-07-02]. http://www.mofcom.gov.cn/article/ae/ai/201407/20140700647867.shtml.

2. 国际合作更紧密

截至 2016 年，中国已经与全世界 174 个建交国家中的 55 个建立了各种伙伴关系。以东盟为例，中国与东盟自 2003 年建立战略伙伴关系以来，双方一直保持密切合作关系；《中国—东盟全面经济合作框架协议》的签订，决定中国—东盟自由贸易区将于 2010 年建成，中国已成为东盟第一大贸易伙伴，而东盟也超过日本，跃升为中国第三大贸易伙伴，至此双方关系已进入成熟期；2016 年，中国—东盟建立对话关系 25 周年纪念招待会在北京顺利举行，充分表达了中国与东盟始终致力于深化政治互信，共谋发展合作，携手应对各种挑战。

表 3.2 "一带一路"国家与中国的伙伴关系一览表

伙伴关系	国家（年份）
全面战略协作伙伴关系	俄罗斯（2011）
全天候战略合作伙伴关系	巴基斯坦（2015）
全面战略合作伙伴关系	越南（2008）、老挝（2009）、柬埔寨（2010）、缅甸（2011）、泰国（2012）
战略合作伙伴关系	印度（2008）、土耳其（2010）、阿富汗（2012）、斯里兰卡（2013）
全面战略伙伴关系	希腊（2006）、哈萨克斯坦（2011）、马来西亚（2013）、印度尼西亚（2013）、白俄罗斯（2013）、沙特阿拉伯（2016）、伊朗（2016）、塞尔维亚（2016.6）
与时俱进的全方位合作伙伴关系	新加坡（2015）
战略伙伴关系	塞尔维亚（2009）、波兰（2011）、阿联酋（2012）、乌兹别克斯坦（2012）、吉尔吉斯斯坦（2013）、塔吉克斯坦（2013）、乌克兰（2013）、约旦（2015）、捷克（2016）
全面友好合作伙伴关系	罗马尼亚（2004）、保加利亚（2014）、马尔代夫（2014）
全面合作伙伴关系	克罗地亚（2005）、尼泊尔（2009）
友好合作伙伴关系	匈牙利（2004）
合作伙伴关系	阿尔巴尼亚（2009）
战略性合作关系	菲律宾（2007）

资料来源：根据和讯网发布数据整理。

3. 投资领域进一步扩展

改革开放三十多年来，中国与"一带一路"沿线国家的经贸合作是陆海分离的，即诸多投资合作项目沿陆上丝绸之路和海上丝绸之路分别运作（王菲易，2016）。中国输往世界各地的主要货物，从丝绸到瓷器和茶叶，再到对铁路、港口、海上设施和船队等基础设施的投资建设，目前已涵盖租赁和商务服务、批发、零售、采矿、金融、制造、房地产、交通运输等各个领域。目前非洲已有7900多家中国企业，涵盖家电、纺织、服装、基础设施、发电、自然资源采掘等各个领域，形成一股持续吹向全球的东方文明之风。中商情报网（2015）发布数据表明，在"一带一路"这条经济走廊上，2014年中国同"一带一路"沿线国的货物贸易额达到1.12万亿美元，约占中国货物贸易总额的四分之一。而未来十年，这个数字将翻一番，突破2.5万亿美元[①]。

4. 我国跨境投资新常态

2015年年底联合国发布《2016年世界经济形势与展望》报告称，未来两年全球经济会有小幅改善，预计2016年和2017年世界经济将分别增长2.9%和3.2%[②]。世界经济前景乐观，宏观形势利好；经过三十多年的改革、开放与发展，中国积累了一定的资金、能力和发展经验。进入21世纪特别是2008年全球金融危机以后，中国在全球经济中的作用开始凸显，2016年，在经济进入新常态的背景下，国内经济总体仍保持平稳，经济基础仍旧坚实；随着"一带一路"倡议的强力推进，在政府部门的大力支持下，中国企业"走出去"迎来了一个新的高潮。自"一带一路"构想提出以来，"一带一路"不仅得到了沿线国家的拥护、发展中国家的欢迎，也得到了不少发达国家的认可。"一

---

① 中商情报网. 2014年中国与"一带一路"沿线国家货物贸易额达1.12万亿美元. [2015-05-05]. http://www.askci.com/news/finance/2015/05/05/21417cjph.shtml.

② 新华社瞭望网. 联合国《2016年世界经济形势与展望》报告梗概. [2016-01-10]. http://www.ccpit.org/Contents/Channel_3429/2016/0104/555975/content_555975.html.

带一路"之所以能得到广泛认可,充分说明它顺应了和平、发展、合作、共赢的世界大势,符合各国人民的共同利益诉求。

二、"一带一路"背景下的跨境投资:全球趋势与中国趋势的比较

"一带一路"背景下的跨境投资已成为中国经济发展新的支撑力量,在经济发展新常态下,我国跨境投资出现了一些趋势性变化。与全球趋势相比较,2014年,中国跨境投资流量占全球的比重由上年的7.6%提升到9.1%,截至2015年年末,我国跨境投资存量首次超过万亿美元大关,达到10 102亿美元。我国跨境投资已实现13年连续增长,年均增幅高达33.6%。无论在投资增速还是投资流向等方面,中国都展现出与全球经济发展趋势不同的新特点[①]。

(一)我国对发达国家投资水平较弱

我国属于发展中国家,企业自身的实力与规模无法与发达国家中的跨国企业相比拟,站在国家战略层面考虑,更需要企业走进发达国家市场。截至2007年年底,商务部共核准境外投资企业1.2万余家,投资范围涉及172个国家和地区,其中拉美、亚洲的国家和地区分别占48.5%和43.4%。2013年年底我国跨境投资总存量6 604.78亿美元,相关只占世界跨境直接投资总存量的5.6%,也就是说2013年我国只有大约335亿美元直接投入亚洲、欧洲、美洲和非洲。

(二)我国对欧投资增长

我国对欧美投资2016年来超常规增长,2011年我国对欧直接投资额达100亿美元,2013年对欧投资占跨境投资流量约10%,2014

---

① 何伟文. 2014年跨境投资全球趋势和中国趋势的比较. //中国企业全球化报告(2015). 北京:社会科学文献出版社,2015:167-183.

年合计超过 20%，与世界总格局部分趋同，研究显示，到 2020 年我国对欧投资有望达到 5 000 亿美元。商务部表示，"一带一路"倡议对接欧盟 3 150 亿欧元战略投资计划。2015 年 1 月至 5 月，中国对欧非金融类投资 42.1 亿美元，增速高达 367.8%[①]。

（三）我国对制造业投资比重偏低

近年来，世界跨境投资的一个重要特点是服务业比重上升，2013 年已达 63%，2014 年世界制造业并购猛增 77%，重点集中在化工、制药和通信（设备制造），这表明发达国家重振制造业和加快技术进步、推动新的工业革命的趋势。我国制造业缺乏核心竞争力，导致我国制造业对外投资主要集中在产业链低端。相比廉价低劣的产品，更重要的是用高品质的产品进驻市场，我国跨境投资中制造业比重明显偏低。2014 年虽然是我国资本净输出元年，但 71.8%的投资流入租赁和商务服务、采矿和批零三个领域。

第二节　"一带一路"背景下中国跨境投资存在的问题

一、"一带一路"沿线国国情差异问题

中国与"一带一路"沿线国家交往，必然受到这些国家国情差异的影响。由于基本国情、产业布局、历史传统和宗教文化等差异，沿线国家政体、政治模式和政权稳定度也具有差异性。

---

① 北京晨报. 中国对欧投资进去"快速增长期".[2015-07-08].http://bjcb.morningpost.com.cn/page/1/2015-07-08/B02/20150708B02_pdf.pdf.

(一)沿线国家存在六大政体,总统制最普遍

"一带一路"沿线国家共有"主席团制""人民代表大会制""君主制""君主立宪制""议会共和制"和"总统制"六种政体(表3.3)。

表3.3 "一带一路"沿线70国政体类型分布

政体	主席团制	人民代表大会制	君主制	君主立宪制	议会共和制	总统制
国家数	1	2	6	7	25	29

资料来源:根据中国外交部网站"国家与组织"栏目公开信息统计整理。

(二)六个海湾君主制国家禁止政党活动

在"一带一路"沿线70国中,土库曼斯坦、越南和老挝三国实行一党制。阿联酋、沙特阿拉伯、阿曼、科威特、卡塔尔和巴林等海湾君主制国家禁止政党活动,61个沿线国实行多党制(表3.4)。

表3.4 "一带一路"沿线70国政党制度分布

政党制度	一党制	禁止政党活动	多党制
国家数	3	6	61

资料来源:根据中国外交部网站"国家与组织"栏目公开信息统计整理。

(三)沿线多国政局不稳

在"一带一路"沿线国家中,多达22个国家在近十年出现动乱或大规模政治冲突。其中,陷入长期战乱或冲突的国家有7个:阿富汗、伊拉克、也门、叙利亚、巴勒斯坦、乌克兰、斯里兰卡。而黎巴嫩和波黑宗教种族问题突出。黎巴嫩从2014年至今一直没有选出国家总统。泰国、埃及和缅甸则长期面临军方干政,政权稳定度低。泰国从2005年至2014年,先后有9位总理或代总理执政。尼泊尔也先后更换过6位总理(表3.5)。

表 3.5 "一带一路"沿线 70 国政治领导人更迭情况（2005—2014）

近10年先后执政的领导人个数	该类型国家
7	泰国
6	尼泊尔
5	巴基斯坦、埃及、摩尔多瓦、波兰、意大利
4	马尔代夫等 9 国
3	以色列等 11 国
2	德国等 29 国
1	叙利亚等 13 国

注：① 波黑采取主席团制政体，国家元首由 3 人组成且定期轮流就任，故不纳入统计；
② 以上数字仅含正式就任政治领导人的数量，不含代理或过渡政府领导人的数量。
资料来源：根据中国外交部网站"国家与组织"栏目公开信息统计整理。

二、"一带一路"沿线国制度差异问题

（一）环保政策差异

商务部、证监会、银监会和中国人民银行都与环保部合作制定相关的环保政策。2016 年 12 月 11 日，"一带一路"环境技术交流与转移中心在深圳正式揭牌，表明我国推动产业绿色转型的愿望。"一带一路"沿线国家中存在水资源匮乏、工业化进程和全球产业发展带来的环境污染、生态破坏等诸多问题，环境保护已成为中国跨境投资不可忽视的重要因素之一，由此给海外投资项目带来了高成本，增加了投资风险和不确定性。科技部国家遥感中心总工程师李加洪（2016）指出，六大经济走廊沿线区域的生态环境条件对"一带一路"建设有重要影响，是必须考虑的重要因素。

（二）社会政治制度差异

从国外政策来看，世界各国欢迎外国投资者的直接投资（FDI），

各国都在出台鼓励外资政策，特别是放宽了基础设施领域的投资。黄河、Starostin Nikita（2016）认为从地缘政治角度来看，在地缘上包括南亚、西亚、中亚、中南半岛及北非，社会政治动荡增强了中国海外投资项目面临的风险。其中"一带一路"沿线国家中，哈萨克斯坦、巴基斯坦、印度尼西亚等的伊斯兰国家占据很大比例，中国在推进"一带一路"的过程中必须理解沿线国家的民族构成和文化风俗的不同，只有了解一个国家的政治制度，才能真正了解一个国家国情。因此，就保障中国海外投资企业的权益而言，海外政治差异已成为影响我国企业海外投资和国家经济安全不能回避的一个重要因素。

（三）法律制度差异

据统计，中国企业海外投资，在能源、矿产和基础设施领域，失败案例高达70%，不了解投资东道国的法律和相关国际法规定，不懂得如何维权，甚至不太愿意维权。这主要是由于中国企业的法律意识淡薄，同时又缺少对投资东道国相应的政策的了解，导致企业在跨境投资过程中屡遭失败。此外，投资东道国复杂的法律环境和政策环境也是导致企业投资受阻的重要因素；一些中国企业由于在国内进行工程建设时形成了诟病，在进行跨境投资时，忽视规范化的法律运作；不重视合同的签订与执行以及事前尽职调查等也是导致企业跨境投资失败的重要因素。

三、"一带一路"沿线国文化与民族问题

"一带一路"是当代中国推进经济、文化等领域对外交往的重大战略。坚持文明互鉴是"一带一路"的核心内容，体现世界文化交往的内在逻辑和基本要求。

（一）"一带一路"的文化理念差异

如何更有效地推进"一带一路"进程，各国及地区之间的文明

互鉴是重要基础。习近平指出:"一带一路"不是封闭的,而是开放包容的;不是中国一家的独奏,而是沿线国家的合唱①。"一带一路"与各国的文化息息相关,不同国家间文化的交流应该是包容的,而不是闭塞的。中国是一个有着五千年悠久历史的文明古国,而在"一带一路"沿线国中存在印度文明、伊斯兰文明、基督教文明等众多文明,企业在跨境投资过程中要尊重东道国的发展道路和文化背景,促进经济的共同发展。自古以来,我国就通过陆路和海上航运来对外交往,"一带一路"的建设,不仅是对中国古代政治、经济、文化交流的传承,还能帮助我们了解和认识多国文化,求同存异,互相尊重,共同发展。

(二)西方中心主义威胁着"一带一路"沿线国家文化的交往

中国已是有一定国际影响力的大国,同时也是世界第二大经济体,但是"一带一路"沿线国家国体存在显著差异,既有社会主义国家,也有资本主义国家,国体的不同也是一种文化观的差异。西方国家多为资本主义国家或经济实力强大的发达国家及具有较强国际竞争力的发展中国家,在国际上具有较大的影响力。随着中国、印度等国家的不断发展,在国际上地位不断提升,西方文化受到冲击,对此许多西方国家凭借自身经济优势,大力宣扬新兴大国"威胁论",有悖和平发展、共同发展的主旨(赵波、张春和,2016)。近几十年来,跨国的恐怖主义组织及其活动日益增多,恐怖主义造成的破坏性和杀伤性明显增大,赵敏燕等(2016)在总结恐怖主义事件研究进展的基础上,较为全面地评估了各国安全形势。从时间演化上看,1970—2014年全球恐怖事件发生数量及死亡人数逐年增多,于2014年达到顶峰。

---

① 习近平:《迈向命运共同体 开创亚洲新未来——在博鳌亚洲论坛2015年年会上的主旨演讲.人民日报,2015-03-29.

(三)"一带一路"沿线国家的文化差异带来不确定因素

"一带一路"沿线多国是佛教、道教、伊斯兰教等宗教的发源地,存在印度文明、伊斯兰教文明、基督教文明等,文化种类多,文化差异大。李新创(2015)认为,各国的文化差异导致我们在日常经营和交易中存在巨大障碍,但同时也有利于我们借鉴他国优秀文化,促进文化产业的发展。"一带一路"沿线国家大多为经济发展水平不高的发展中国家,但每个国家都有其复杂的宗教信仰、文化习俗、风俗习惯,要想在当地立足,就必须尊重和了解当地的风土人情。我们应该加强"一带一路"的宣传建设,让更多的外国民众了解中国的"一带一路"建设,了解中国的古代丝绸之路,了解中国的文明。

四、大国博弈、政府支持与跨境投资

(一)相关概念定义

大国博弈原意指大国之间因某些利益冲突,或其他事情有了不一致的看法,但又都想让对方采纳自己的意见,故而通过外交手段相互斡旋,从而达到自己的目的。但在本研究中,大国博弈特指大国之间利用跨境投资所进行的经济博弈。

政府支持指政府通过宏观控制,影响国家的货币政策,进而影响市场机制和市场运作。政府支持的方式主要包括提供法律制度、政府直接经营、影响私人生产以及购买产品和服务等。但政府决策的过程并不是一帆风顺的,会出现"政府失灵"的情况。

(二)大国博弈中政府支持与跨境投资的关系

从第二次世界大战后美国与其他国家通过货币的博弈经验总结来看,在大国博弈中政府决策与市场机制是相互影响、相互制约的关系,故政府支持与跨境投资也相互影响、相互制约。政府的支持主要表现为正在制定政府政策,而政府决策的制定是从本国的利益出发,以国家战略为基础,融合时代背景、理论知识和经验教训。政府经济或货币决策一经制定，便会对国家跨境投资战略产生影响，但政府决策和跨境投资之间的关系并不是单方向的，跨境投资反之也会影响政府的决策。总之，政府支持的目的在于，使企业更好地"走出去"，使国内市场乃至世界市场按国家的利益需求发展，试图控制市场机制，引导经济和货币的走向。但跨境投资所面临的问题和风险具有其自发性和不可控制性。因此，政府在进行决策时要遵循东道国经济发展规律和市场机制的内部规律。

（三）中国企业的跨境投资战略趋势

1. 国家政策支持

中国政府鼓励和支持企业"走出去"，为支持本国企业在海外的日常经营和交易，并制定相关政策为企业跨境投资提供便利，出台了《关于鼓励支持和引导非公有制企业对外投资合作的意见》等具体方案等。得益于"一带一路"倡议的实施，中国企业在海外投资项目越来越多。"一带一路"背景下，在地理位置和经济往来上与中国有密切联系的国家和地区将率先受益，与中国积极对接"一带一路"的澳大利亚也成为中国跨境投资的重要国家，预计到2020年，中国在澳洲将投入约440亿美元。中国企业对海外项目的投资领域不断扩大，投资金额不断增加。

2. 企业资本积累不断增加

从企业的生产过程看，资本积累是企业扩大再生产的源泉，利润是资本积累的源泉。中国企业凭借自身多年的资本积累，开始不仅仅满足于国内市场，着眼全球，在海外开拓市场。联合国贸发会议（UN Conference on Trade and Development）2016年6月21日发布《世界投资报告》（World Investment Report）称，去年外商直接投资（FDI）资金流的规模达到1.8万亿美元，达金融危机以来的最高水平。2016年1月—2月，我国非金融类跨境投资299.3亿美元，同比增长71.8%，2月当月新增投资179亿美元，同比增长1.5倍，超过去年前两个月之和（174.2亿美元）。

3. 国内的优势产业和富余产能向"一带一路"沿线国家转移

从南美巴西到北美加拿大，从非洲西海岸的加纳共和国到东非的埃塞俄比亚，从欧亚大陆北端的俄罗斯到南部巴基斯坦……随着中国企业"走出去"，中国跨境投资额自加入世界贸易组织以来增长40多倍，曹标（2016）认为中国已成为第二大经济体。2014年中国跨境投资额达1 029亿美元，中国对外投资额首次超过千亿美元大关。商务部（2016）发布跨境投资数据显示，2015年，我国对外投资的非金融类直接投资达到1 180.2亿美元的峰值，至此，中国跨境投资实现了连续13年增长，每年平均增加幅度高达33.6%。

4. 创新驱动企业与资本市场有效结合

2017年2月26日，中国证监会主席刘士余在国务院新闻办新闻发布厅举行的新闻发布会上表示，证监会支持科技创新型企业在资本市场融资[①]。科技创新企业的发展不仅需要内生创新，还应该利用海内外先进科研技术，并将创新创业与资本市场有效结合。李克强总理在达沃斯论坛上曾提出，"加快体制机制创新步伐，创新是其中应有之意。"把发展创新驱动企业放在国家发展的重要位置，同时资本市场在国家发展高新技术产业和战略性新型企业中担当重任。"一带一路"沿线国家中发展中国家占据较大比例，中国企业在实施跨境投资的进程中，可利用自身优势，在促进本国经济发展的同时，带动他国共同发展，实现优势互补。

5. "一带一路"推动资本和技术输出

作为世界第二大经济体，中国跨境投资潜力巨大。经济新常态下，我国经济政策更加注重加快推进经济结构战略性调整，更加注重扩大对内对外开放。与此同时，我国在"一带一路"建设的进程中，不仅

---

① 刘士余：支持创新驱动型企业在资本市资.[2017-02-26]. http://stock.eastmoney.com/news/1614, 20170226714763915.html.

要注重资本输出,还要注重技术输出。近年来,我国经济快速发展,国家鼓励和支持有国际竞争力的企业"走出去",更好地融入全球经济体系,提高中国的国际竞争力,也意味着中国企业的经营将面临更多挑战,也将迎来新的发展机遇。中国企业应以更开放的思维、更具战略的眼光走向国际市场,有效利用境内、境外"两个市场"资源,实现结构调整和产业升级的目标。

第三节 "一带一路"背景下中国跨境投资存在的风险

一、跨境投资风险的类型

金融一体化和经济全球化为我国跨境投资带来了机遇和挑战,我国企业在不断加大跨境投资、扩大规模的同时也面临巨大的投资风险。福耀玻璃集团创始人、董事长曹德旺认为,企业真正想"走出去",要树立风险意识,"走出去"之前就需要了解风险。Smadjia&Smadja 战略咨询公司总裁 Claude Smadja 认为,企业进行海外投资时,必须考虑很多因素,不仅是商业因素,还有很多非商业因素。王义桅、郑栋(2015)认为对"一带一路"背景下中国跨境投资存在政治、法律、金融等方面的风险。

(一)政治风险

1. 政治风险的定义

政治风险(Political Risk),指中国企业在跨境投资过程中与东道国主权利益发生冲突,由此可能带来的经济损失。政治风险主要表现为东道国政府的不信任、政府官员的贪污腐败、政府政权的更迭等。

2. 政治风险的影响因素

从跨境投资所处的环境来看,政治风险的影响因素可以分为国际环境、东道国环境和双边关系环境（黄河、陈美芳、汪静、高姝涵，2015），而东道国环境又可分为东道国国家主权和政府政策的稳定性。达信（Marsh）发布的2015年政治风险地图和报告中也表示，主权国家的政治暴力、国家间紧张的政治局势及商品价格的不稳定等因素都会加剧企业跨境投资政治风险。

3. 中国跨境投资面临政治风险的主要表现

跨境投资有利于中国适应经济全球化的进程。经济全球化对中国来说，既有机遇，也有挑战。20世纪60年代，政治风险一词开始由美国学者提出，《2015年达信政治风险地图》对全球17个国家的政治风险、运营风险和宏观经济风险进行了综合评估。近年来，很多国家爆发政治危机，尤其是东南亚、非洲、俄罗斯等地，给我国跨境投资造成了严重的政治障碍。

（二）汇率风险

1. 汇率风险的定义

汇率风险（Exchange Risk）又称外汇风险，指由于人民币的波幅变化，对经济主体在与外汇相关的经济活动中造成的汇兑差异。汇率风险可以分为折算风险（会计风险）、交易风险、经济风险（经营风险）。

2. 汇率风险的影响因素

汇率风险的影响因素可以大致分为：国际收支及外汇储备、利率、通货膨胀、政治局势。国际收支状况对一国汇率的变动能产生直接的影响，利率作为一国借贷状况的基本反映，对汇率波动起决定性作用，一国及国际间的政治局势的变化，也会对外汇市场产生影响。由于不同的国际分工，国家之间必然存在金融往来，同时"一带一路"背景下中国企业跨境投资面临的外汇风险越来越多，如何有效地管理外汇风险也成为企业跨境投资的重要课题。

3. 中国跨境投资面临利率风险的主要表现

中国跨境投资面临利率风险的主要表现为贸易性汇率风险和金融性汇率风险。汇率风险可能导致经济主体承受巨大的汇兑损益，比如人民币大幅度升值、美元大幅度贬值。现今世界，大部分国家都把美元作为通行货币，在国际金融市场上，由于外汇汇率的变化，可能导致借款人产生难以估量的损失，甚至导致一个企业的破产。

（三）信用风险

1. 信用风险的定义

信用风险（Credit Risk）又称违约风险，即企业在跨境投资的日常经营或交易过程中由于交易对手没有履行合同或契约而造成经济损失的风险。

2. 信用风险的影响因素

信用风险的影响因素主要包括对公司经营有影响的特殊事件的发生导致企业延迟收回项目款、借款人因为其他各种原因不能及时还款市场价格波动导致的利率变化而造成的投资损失等。在"一带一路"背景下，我国鼓励企业积极参与国际竞争，增加海外投资和承包项目。在管理信用风险方面，重点防范易违约领域，加强对跨境投资项目提供担保的机构或部门的还款能力。

3. 中国跨境投资面临信用风险的主要表现

针对中国企业"走出去"的非商务投资风险，克危克险（Risk on International）创始人、CCG 特邀研究员袁铁成认为，我国企业在海外投资项目中应该充分考虑安全成本。根据克危克险过去六年对全球 162 个国家的跟踪研究，发现其中 111 个国家是不安全的，这里面就包括中国。大量中国企业投资海外项目失败付出了巨大的代价，失败原因主要在于政府的反对及企业自身安全评估的缺失。在美国、英国、澳大利亚等发达国家，安全管理都是高度市场化的，中国也迫切需要提高安全管理。

(四)法律风险

1. 法律风险的定义

法律风险(Law Risk)主要是指企业在跨境投资过程中由于日常经营活动或交易不能遵守的本国及东道国的相关商业准则和法律原则由此造成的经济损失。相关法律风险主要涉及税收、出口外汇等方面，还可以分为法律稳定性风险、政策稳定性风险、审批程序风险等。法律风险对企业在跨境投资的整个项目的最终成果有重要影响。

2. 法律风险的影响因素

法律风险的影响因素主要分为内部原因和外部原因。外部原因包括相关法律政策环境的变化，东道国立法不完善由此造成的合同纠纷，行政及司法机关执法不公、执法不严造成的经济损失、合同方恶意违约等。法律风险最主要的原因是内部原因。内部原因主要包括企业领导及内部员工法律意识淡薄，由此由于对法律政策环境认知不足造成的经济损失，或者在签订合同时，对某些投资敏感领域存在侥幸心理甚至违法经营，由此由于没有法律风险防范意识造成的经济等。

3. 中国跨境投资面临法律风险的主要表现

法律风险对企业整个投资项目的成本起着重要的影响。中国企业在跨境投资过程中有时由于法律风险意思淡薄而造成整个投资项目的失败，很多企业由于急于拿到某些海外项目，通常逃避境内审批，直接用公司的境外资产投资，短期来看，效率很高，但长期来看，由于前期没有合法的审批程序，会给项目的最终上市或转让带来不必要的麻烦。以商业银行为例，商业银行日常经营活动或交易过程中若违反相关法律或商业准则，导致其产生合同纠纷后产生其他法律诉讼，将给商业银行造成巨大的财产损失。

(五)其他风险

2014年，我国跨境投资超过1 400亿美元，首次成为资本净输出国家。随着我国企业"走出去"规模快速增长,企业海外投资遇到的风险愈发突出和复杂。来自商务部的统计显示,我国几乎所有行业都有海外投资项目,但是不同的行业有不同的投资方式和行业特点,故所面临的风险也不有所区别。总体而言,中国企业跨境投资专业面临了政治风险、法律风险、信用风险、投资环境风险等。而其中政治风险、信用风险、汇率风险及法律风险是目前企业跨境投资所面临的主要风险。

二、跨境投资风险识别、评估与控制

(一)跨境投资风险的识别

所谓跨境投资风险识别,是指对企业所正面临的以及潜在的跨境投资风险加以判断、归类和鉴定风险性质的过程。跨境投资风险识别是风险衡量的前提和基础,进行风险识别是对风险分析和控制的前提条件,它是防范风险的第一步。发现问题是为了正视和解决问题。中国社会科学院世界经济与政治研究所研究员张明认为,中国企业在跨境投资过程中,必须综合考虑项目投资所涉及的相关风险。能不能有效地识别风险,要随时观察到一个行业风险的变化是什么,看这个行业现在的风险变化。

一般而言,跨境投资风险的识别有三个过程:
(1)检视跨国投资企业的经营范围和经营项目;
(2)检视跨国投资企业产品制造过程或企业管理过程的纯熟度;
(3)检视跨国管理人员训练与相关资源是否充足。

(二)跨境投资风险的评估

跨境投资风险评估即对可能导致企业跨境投资项目失败的各种影响因子进行综合的评价度量。

1. 评估内容

评估风险即度量风险,主要包括风险是否发生、风险发生的时间、风险强度、风险影响范围及造成损失的风险因子等。而进行风险度量能帮助企业有效地规避相关风险及其连带风险,并将其损失降至最低。

2. 评估方法

通过风险因子发、定量分析和定性分析结合法、构建模型法等评估企业跨境投资相关风险,并建立风险评估数据库,进而测量风险等级,并确定风险发生的可能性。风险因子法是对导致风险产生的因子进行评价、分析;定量分析法即风险评估进程和结果即可量化,对构成风险的要素及潜在损失赋值,以数字度量风险;定性评价法即依据业界风险标准和惯例,对风险进行定性分级。一般综合使用定量分析法和定性分析法。构建模型法即构建风险评估模型,通过对数据的精确描述,得出较适宜的风险评估方案,提升评估质量。

3. 国别评估报告

商务部发布《国别贸易投资环境报告(2014)》(以下简称《报告》),评估了美国、日本、俄罗斯等13个与我国有贸易往来国家的贸易投资环境,并着重介绍了上述国家的贸易投资管理体制及措施的变化情况。《报告》指出,全球新增贸易限制措施407项,严格的全球贸易保护,制约了企业发展,中国企业跨境投资面临难得的机遇,同时风险和挑战并存。商务部正式发布《对外投资合作国别(地区)指南(2015年版)》(以下简称《指南》),包括风险预警、投资促进、权益保障等多项公共服务,覆盖了我国企业跨境投资、对外承接工程、承包工程、提供劳务的主要市场,涵盖了171个国家和地区。

(三)跨境投资风险的控制

跨境投资风险的控制,即采取必要的风险管控措施,降低各种风险发生的可能性,以减少由风险造成的损失。本节未对前面出现的政治风险、法律风险等个体逐一实施具体的风险管控措施，仅从整体层面出发，概括阐述跨境投资风险管控举措。

1. 风险警示

风险警示，即应构建风险警示机制，如风险控制系统、外部投资环境警示、企业内部管理控制警示等，还能根据风险警示机制，测量风险等级，对于风险的出现，能够及时地做到有效预防，从而有效控制风险因子，进而减少风险的发生概率，并在事后减少或消除损失。

2. 风险规避

风险规避，即通过有计划的变更来消除风险或风险发生的条件，保护目标免受风险的影响。风险规避是风险应对的一种方法，跨境投资企业应对沿线东道国秉持文化包容的态度，避免多元文化冲突，主动尊重和保障人权，注重保护国际劳工权利，主动遵守东道国法律规则、国际法律规则和国际惯例。尊重和保护东道国政治制度、民族文化、宗教信仰等，营造良好的企业生存环境。风险规避并不意味着完全消除风险，在跨境投资过程中，通过对风险的定性定量分析，采取有效的风险管控措施，规避损失。

3. 风险整合

风险整合，即立足于企业整体价值目标，统筹考虑所有风险，并整合运用各种风险管理方式。诸如，我们在跨境投资过程中，存在政治风险、信用风险、法律风险、汇率风险等，通过构建完善信息披露机制、加大信用评估力度、提高信用等级等措施，企业应对各种风险的管控进行立体化、全方位的设计，采取多种战略技术，从而有效的分散和降低跨境投资风险。

4. 风险转移

风险转移，即通过合同或非合同的方式将风险造成的损失，转嫁给另一个人或单位的一种风险处理方式，在国际货物买卖中具体是指原有卖方承担的货物的风险在某个时候改归买方承担。通过签署和实施双边或多边投资协定和税收协定，了解相关的国家和国际法律来减少跨国投资引起贸易争端，进而保障企业利益。此外，可通过采取向国际保险机构投保货币汇兑险等具体措施，来弥补投资失利给企业带来的损失。

第四章 跨境投资的主体

第一节 政府主导下的国有资本跨境投资

一、国有控股企业跨境投资现状

根据国务院国资委的统计，截至 2014 年年底，中国共有 107 家央企在境外设立了 8 515 家分支机构。"十二五"以后，央企在境外的资产总额从 2.7 万亿元增加到 4.9 万亿元，年平均增长 16.4%，在非金融类跨境投资和对外承包工程营业额中，中央企业大约分别占到总额的 70%、60%。同年，据统计中国境外非金融类投资存量为 7 450.2 亿美元，其中国有企业比重为 53.6%，虽然国有企业依旧处于主导地位，但相比前些年却是持续下降的；非国有企业比重为 46.4%，相比前些年是稳步提升的（见图 4.1）。这也表明了国有企业的跨境投资主体结构持续优化[①]。

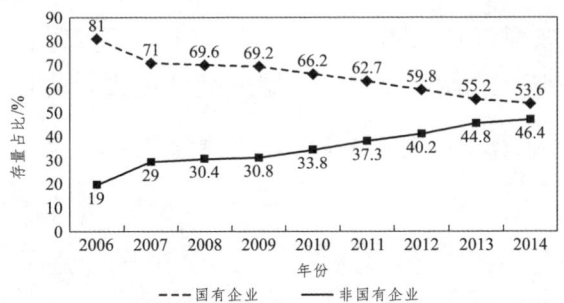

图 4　2006—2014 年我国国有企业和非国有企业存量占比情况

资料来源：《2014 年中国跨境投资统计公告》。

---

① 林忠华."一带一路"战略背景下国有控股企业境外资产审计研究. 新疆财经，2012（5）：24-27.

二、国有资本跨境投资的动因

（一）实现跨国经营战略

1. 中国国有资本跨境投资增强了国有跨国公司的自主知识产权和国际竞争力，提高了中国国有资本参与世界经济全球化的深度和广度

国有企业为了促进中国经济的发展，在跨境投资的过程中不断进行探索，对国有经济布局和结构进行规划调整，以求实现国际化经营方式的不断创新和全球范围内资源配置的不断优化，最终实现中国"走出去"与"引进来"两大战略的协调发展，提升中国国有控股的企业国际化经营总体水平，提高国有企业在国际化经营的地位，促进国有企业的开放水平。跨境投资加大了中国企业参与全球资源配置的力度，尤其是国有企业，不仅促进了中国经济的发展，也锻炼了国有企业的能力，提高了其核心竞争力。

2. 加强中国国有资本在跨境投资中的主导地位

中国经济迅速发展，已经成为全球第二大经济体，同时中国跨境投资发展迅猛，已成为新兴的跨境投资大国。在中国非金融类跨境投资存量总额中，中国国有企业所占比重约为6.7%，一直处于主导地位。由于国有企业在经济和技术水平方面不断提高，国际化经营水平进一步提升，这奠定了国有企业在以后跨境投资中主导的地位。

3. 培育大型国有跨企业集团，提高参与全球资源配置和产业整合的能力

中国企业跨境投资的发展带动了国有企业在国际跨境投资中的地位和作用，虽然与发达国家还存在一定的差距，但是其整体的规模和综合实力还是在跨境投资中影响较大。中国想要成为世界经济强国，就必须增强国有跨国公司实力，努力参与到世界资源配置和产业一体化中，借鉴发达国家的成功经验。

（二）优化国有资本跨境投资结构和区域

根据目前中国在跨境投资中各行业所在比重，把所占比重较大的制造业逐渐向服务行业扩展，改变行业布局，优化投资结构。对于我国国有企业来说，它面临市场竞争异常激烈，较高的市场进入台阶，想要进入国际市场必须拥有某些方面相对优势的技术和产品。中国的跨境投资应该抓住发达国家相对薄弱的环节，利用自己对某些地区和国家的优势，展开自己的投资方式和力度。

（三）提升技术创新能力，丰富跨国经营方式，进而提升国际竞争力

中国国有企业在技术上与发达国家的跨国公司相比较存在很大差距，这一点不容忽视。想要改变自己技术落后的局面，国有企业就应该加大对技术研发的力度，针对自己在这方面的欠缺，展开有针对性的技术研发，提高自己在跨境投资市场上的竞争力。国有资本应该运用多种跨境投资方式，把跨境并购和绿地投资结合起来，优化投资方式。

中国在跨境投资领域还是一个正在摸索的国家，我们在进行跨境经营的过程中，可以不用按照其他国家和地区的路子，而是跨越传统的投资模式，凭借自身的优点和强项展开投资。在实现跨境投资的过程中发现问题，优化自己的经营方式。中国经济实力的提高和经济全球化的发展也增加了国有企业跨越式发展的必要性和紧迫性。

三、国有企业跨境投资存在的障碍

实施"一带一路"倡议，中国国有企业"走出去"，面临多民族、宗教多样性、文化复杂等多种问题，国有企业在海外形象塑造方面，不仅代表国有企业本身的形象，也代表中国的形象。国有企业在跨境投资中存在很多障碍，下面我们介绍在跨境投资发展中存在的几个问题。

（一）市场敏感度低，导致投资方向不合理，形成投资风险

在中国，由于我国现实国情的影响制约，国有企业跨境投资中虽然在不断完善，但还是因此产生了一些制约，造成国有企业在跨境投资中投资方向不合理。尽管我国国有企业正在进行改革，但是国有企业依旧在自身管理方面存在缺陷，监管体制的存在限制了国企投资的审核，在跨境投资过程中，为了加快发展的步伐就会扩展投资的范围和力度，由于中国缺乏跨境投资方面的丰富经验，对国家的产业政策研究不够，所以，在制定投资方向、规划投资策略方面缺乏前瞻性就会使国有企业出现盲目投资的现象，出现对投资的风险估测不足，造成资产流失[1]。

（二）企业治理和管理水平的国际化差异

企业治理的国际化差异障碍指由于我国国有企业与国际惯例在公司治理的运行机制、与治理相联系的企业内外部环境等方面存在差异，从而影响企业进行跨境投资。我国国有企业内部公司治理结构存在以下风险（黄海燕、徐永丽，2011）：

其一，政企不分（王健朴，2012）。国有企业本身与民营企业相比有一定的特权，这也是由国有控股的性质决定的。但是在一些国有企业存在着特权滥用的现象，加上不成熟的国内市场机制，使得国有企业产生了腐败、效率低、管理懒散等问题，在跨境投资中缺乏国际竞争力，即便对于市场转型后的国有企业也是如此。国有企业的领导，相比民营企业的经理人，往往缺乏明确的跨境投资的奖惩机制，特别是在跨境投资失败的时候，很少会有人追究其投资决策者的责任，即使追究其责任，惩罚力度也很小。这大大增加了国有企业跨境投资的风险性。

其二，国有企业自身管理水平低。国有企业的发展一直存在着决策机制方面的缺点即灵活性差。跨境投资的国际投资市场环境对国有

---

[1] 周俊.浅谈国有企业对外投资的障碍与应对策略.金融经济，2015（10）：114-116.

企业的管理水平产生了很大的挑战，国有企业需要改变自身的多头管理体制，在自己的发展定位、投资策略选择上提高灵活处理的水平。避免因为"都管都不管"的管理体制的存在，给跨境投资的实施带来影响，导致错失良机，影响其国际化发展。

（三）国外对政府主导的国有资本跨境投资的抵触

二三十年前，中国国有企业进入非洲，非洲人民认为中国是帮助他们搞建设谋发展的好兄弟。中国国有企业进入欧洲，欧洲人觉得中国人勤劳能干，生产的产品质量好价格又便宜，也给他们带来了实惠。但是近十年，尤其是近五年来，金融危机及欧债危机导致全球经济发展缓慢，世界经济格局也发生了翻天覆地的变化，欧洲市场的失业率越来越高，但是他们并没有从自身上找原因，反而归咎于中国国有企业的投资争夺了他们的工作机会。中国国有企业投资当地矿产，他们认为中国人掠夺了他们的资源，中国国有企业在非洲建厂，他们认为中国人赚了他们的钱，才导致他们生活贫困。中国国有企业响应当地政府号召，雇佣大量当地劳工，他们认为中国人压榨他们的劳动力，时不时罢工，提出无理要求。近几年，由于国际经济形势下滑以及中国"威胁论"的谣言，许多国家的民众对国有国有企业心生防备，已不再像从前那样对中国人友善（付妍瑛，2016）。

四、对国有企业跨境投资的建议

（一）展开理性、合理的跨境投资

中国推动"一带一路"建设给以国有企业为代表的各行各业提供了平台和机会。但是国有企业在展开跨境投资的过程中，由于自身能力的限制以及缺乏相关的跨境投资经验，造成投资失败的一些案例大大存在。针对国有企业存在的投资风险，建议国有企业在跨境投资过程中可以采取以下策略：一是跨境投资前。应充分结合自身的现实情况，借鉴以往跨境投资的经验与教训，做好相应的市场可行性调研，尽可能地评估风险并加以防范。二是在跨境投资的过程中。并不能因为投资完成而放松对风险的监控意识,企业应该根据当地的政治、经济,建立相关风险控制部门监控风险,避免项目在实施过程中受到本可以避免的影响。三是跨境投资项目完成之后。为了下一次的跨境投资顺利进行,企业要总结此次投资中的不足和成功之处,从而实现跨境投资目的的理性化(周宏莉、魏峰,2016)。

(二)改善公司治理,防范管理风险

随着中国经济的发展以及"一带一路"的建设,中国在国际经济发展中的作用越来越突出,受到其他国家的广泛关注。随之而来,国有企业在跨境投资中的管理风险也越来越明显。国有企业需要结合自身的投资经验和不足,分析自己的投资成本和效益,进行比较。引进管理人才,善于学习国际上其他成功的跨国企业的管理制度和治理经验,以此改善自身的管理问题,培养符合自身企业的管理人才,提高企业的管理水平。同时,应该学习同行对风险的防范机制,适应跨境投资的需求;培育企业的文化氛围,建立适合自己企业的文化,增强员工的凝聚力。

(三)因地制宜地参与政府主导的对外交往,积极与当地人交流

"一带一路"涉及的国家在文化和习俗方面存在很大的差异性,在跨境投资中就会出现一些冲突,这是不容忽视的一点,它会影响投资的顺利进行。中国国有企业可以从以下几点来减少东道主对我们的排斥:第一,在进行跨境投资前要充分了解东道主的国家文化、生活习俗法律法规,制定合理合适的跨境投资过程中的与当地居民相处交往的策略;第二,在与当地居民交往的过程中,要尊重他们的文化以及宗教信仰,谨守自己的职责,树立中国企业友好相处、和平发展的形象,赢得被投资国家居民的支持和信任,促进跨境投资道路的畅通,进一步奠定中国在经济全球化发展下的国际威望,

实现其经济利益，得到双方共赢的局面；第三，应该采取积极主动的公关行动，宣传自己的企业，消除对企业的不利影响，摒弃国外民众对中国国有企业的偏见、误解。通过与合作方、当地政府、当地新闻媒体、当地民众、当地劳工甚至是竞争对手搞好关系，提升企业的自身形象，赢得当地民众的理解与支持，实现企业的经营目标（周宏莉、魏峰，2016）。

综上所述，资本时代背景下"一带一路"建设对于国有企业发展的影响是不言而喻的，它是国家的一项长期发展战略和大政方针。中国国有企业应该抓住当前的机遇，积极地面对挑战，实现自身的价值。同时要做好表率，坚持诚实、谨慎的原则，求同存异，充分利用自身的资源和优势，发挥自己的主导作用，将面对的风险转化为自身的机遇，进而与其他国家的跨国公司达到合作共赢的目的。

第二节　市场引导下的民营资本跨境投资

一、跨境投资现状

随着世界经济趋于一体化的发展，我国民营企业正紧随世界潮流，积极努力参与跨国投资，参与国际市场的竞争。民营企业"走出去"逐渐成为中国跨境投资的重要部分，所占的份额也在进一步扩大。所以，研究我国民营企业跨境投资时采用的模式，对于提升民营企业在海外的竞争力尤为重要。各个民营企业都有必要为企业"走出去"营造一个良好的市场经济环境。壮大民营企业，为民营企业跨境投资提供力量支持，提高民营企业竞争力，才能使民营企业在日趋激烈的国际竞争中争取主动（何莉，2008）。

（一）民营企业跨境投资规模不断增大

为了适应经济全球化的要求，我国民营企业跨境投资的规模不断增大。一方面，从民营企业跨境投资的总额来看，所占我国总跨境投资总额的比重越来越大。据中国新闻网数据报道,民营企业在2015年实现跨境投资的总额是3 675.40亿元人民币,占到总投资额的一半,同比2014年增长77.2%。另一方面,民营企业跨境投资的各个项目在2015年增长速度极快,在我国一年总的跨境投资项目中约占90%,而且还在不断地增加。根据国家统计局数据显示,2014—2015年,民营企业年平均投资案例数达256数起,是2008—2013年的年平均投资案例数的7倍(见图4.2)。由此可见,民营企业在我国跨境投资中其实力在逐渐壮大,并且趋向于稳定性发展,已逐渐成为中国"走出去"的主要力量[①]。

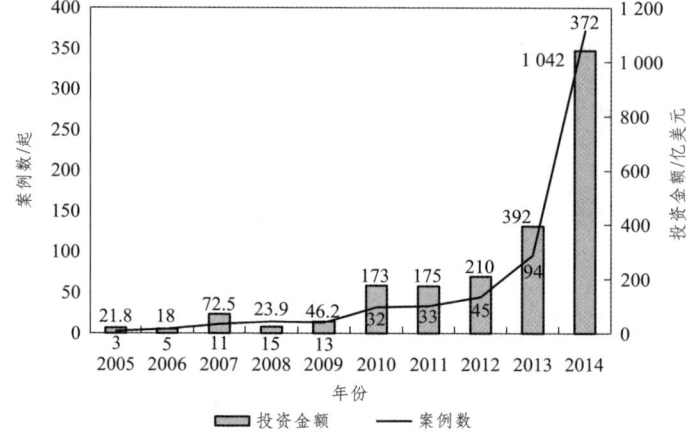

图 4.2　2005—2014年中国民营企业跨境投资状况

资料来源:中国与全球化智库(CCG)数据库。

(二)民营企业投资行业更加广泛

由于世界科技的发展进步,世界各国企业的发展正在逐步走向科技化。同样民营企业看到了世界经济发展的机遇,越来越多的民营企业摒弃传统的过分依赖于资源的行业,向着科技的方向投资,近几年计算机、电力行业的大力发展说明了民营企业在跨境投资中投资行业

---

① 侯小坤.中国民营企业海外投资现状及优化路径.对外经贸报,2016(6):79-82.

更加广泛。据 2016 年博鳌亚洲论坛年会公布，我国最大的民营投资公司中民投已经开始涉足海外新能源、互联网金融和居家养老等新兴行业领域。中国民营企业正在逐渐转变自己的发展方式，加上政府的支持，向更加高端化、国际化的产业发展。

（三）民营企业跨境投资区域不断扩张

随着"走出去"战略的进一步实施，中国民营企业的跨境投资区域正在向一些发达的成熟市场发展，而且资本流入这些区域的速度明显加快。民营企业选择这些市场的原因可能是某些行业在此发展有更大的优势和更成熟的技术支持。据商务部统计，2015 年，我国民营企业在欧美发达市场跨境投资额占民企总跨境投资额的 95%，投资项目占跨境投资总项目数的 85%。相比较同期民企在北美的投资，欧洲市场似乎更具有吸引力，跨境投资额达到了 230 亿美元，高出北美市场 35% 左右。这也说明欧洲对经济发展的一些开放性政策对民营企业的跨境投资提供了有利条件。

二、民营企业跨境投资的动因

（一）国家政策的推动

我国政府对我国企业跨境投资的鼓励性政策包括资金鼓励政策、外汇管理政策、出口退税政策和金融服务与政策性保险鼓励政策等几大部分，另外还有一些资金鼓励性政策。这些国家政策的颁布，给企业跨境投资提供了各种便利，解决了它们在跨境投资中的一些问题，以此促进了企业跨境投资的发展。

（二）在国际市场上寻求发展机会

中国加入世界贸易组织之后，国内各企业都在此机遇下不断发展壮大，使得很多企业的竞争压力逐渐增大，尤其是民营企业。民营企业在国内的发展突破不是很大。"走出去"战略的实施让民营企业看到了发展机会,开始加大"走出去"的脚步,以期在国际市场上寻求发展机会来壮大自己。

(三)实施成本战略获取最大化利益

民营企业的发展需要跨境投资。虽然世界经济趋于全球化,但是各个国家之间的一些贸易壁垒仍然存在,进出口关税也给民营企业的发展带来利润的下降(朱美虹、池仁勇,2011)。为了能够降低成本,实现利润的最大化,民企开始进行跨境投资,寻求资源优势,巧妙地躲开这些因素的限制。并且,海外市场有一些廉价的劳动力、资源、技术等,有利于民营企业降低成本,提高效益,实现利益最大化。

(四)发挥自身的优势,实现自身的创新价值

在国外发挥自己的优势也是民营企业"走出去"的一个动力(王艳丽,2009)。我国的科学技术发展迅速,相比发展中国家还处于领先地位,适合在发展中国家投资;传统行业具有的独特优势比如成本低,更是给我国民营企业"走出去"提供了机会。民营企业通过跨境投资,可以利用投资地区的资源和人力,创新自己的技术和管理,既节约成本,又能把企业培育的更高端化。与国际企业展开合作,了解当地的需求,结合自身的优势,与当地企业合作,丰富跨境投资的经验,为以后展开其他地区的跨境投资提供案例。民营企业通过跨境投资,会找到自己在国际上得发展方向,明确自身的优势和劣势,实现企业的价值。

三、民营企业国外投资的障碍

尽管民营企业"走出去"和参与"一带一路"建设的积极性越来越高,规模不断扩大,一些企业实现了较高水平的"走出去",在跨境投资领域占据重要的地位,但是相比国有企业而言,民营企业仍然存在一些困难(景朝梅,2011)。

（一）民营企业管理问题

在企业管理方面，民营企业存在严重的人才匮乏问题。同时不能够像国有企业一样，政府的支持力度大，获得的信息及时准确，使得自身的经营管理水平低，在跨境投资中自己的行为、意识存在缺陷，就会造成缺乏企业责任和法律意识。民营企业善于"单打独斗"的"走出去"，在相互合作这一方面的能力比较欠缺，竞争过程中就会相互杀价，甚至会形成恶性竞争。由此造成的后果只能是减弱民营企业跨境投资的力量，出现两败俱伤的局面。民营企业管理水平差，对一些跨境投资的国际规则不熟悉，又不善于借助国际中介机构的服务，难免在跨境投资过程中出现困境。

（二）民营企业大多缺乏企业的核心竞争力

我国民营企业起步晚，发展水平与国际跨国公司还存在很大差距。尤其是技术方面，更是受到人力、财力等因素的制约，基本上没有与其他跨国企业竞争的核心技术。跨境投资存在巨大的风险，想要生存下去，必须掌握核心的并难以被模仿的技术。正是因为如此，我国民营企业很难在境外生存下去，所以只能对跨境投资望而却步。

（三）民营企业缺乏国际经营意识，获取信息困难

我国民营企业的对外直接投资起步比较晚，缺乏相对丰富的经验，同时由于中国的公共信息服务体系还不够完善，民营企业很多时候没有办法获取国际上一些境外投资的信息，就会使民营企业在投资过程中不知道自己如何运作自己的资本，如何投资才能把失败的可能性降低。信息的不畅通限制了民营企业的跨境投资。当发生一些国际跨境投资变化时，民营企业无法及时得到信息改变自己的策略，就有可能使自己的投资失败，这种情况是时常发生的，也由此给民营企业留下了阴影，打击了民营企业实施跨境投资的积极性，最后这些企业只能对跨境投资望而却步。

我国的民营企业大部分是家族企业,企业家族式管理存在的弊端是民营企业跨境投资一个无法避免的障碍。家族式管理在很多跨境投资决策缺乏远见,存在分歧,无法抓住发展的机遇。同时,民营企业的国际视野窄,由于跨境投资风险的存在,使许多企业不愿意冒风险拓展市场。

(四)跨境投资融资体系尚不健全

民营企业不能够像国有企业一样能得到政府财政上的支持,由于缺乏资本,就会使许多想要开展跨境投资的企业在国际市场上没有了生存和发展的血液。民营企业融资难度大,期限较短,融资条件较高,贷款的供给数量远不能满足企业对资金的需求量。政府支持力度不到位,企业想要从银行贷款门槛过高。目前我国还没有建立针对民营企业跨境投资的融资体系。民营企业融资渠道窄,没有资金进行海外投资。

(五)国际市场环境较为复杂

目前,国际贸易市场环境复杂,民营企业跨境投资面临各种困难、举步维艰,导致民企想要扩大规模难度比较大。文化的差异是首先要解决的问题,包括对东道国劳工标准和用工文化了解缺乏、商业模式与管理存在差异等,致使民营企业运营成本增加、投资不能获批现象频发,进而导致民营企业跨境投资无法扩大规模[1]。

四、民营企业跨境投资的建议

(一)民营企业要积极发展,从各方面完善自己

民营企业在进行投资的时候可能缺乏一些规章制度,建议民营企

---

[1] 侯小坤.中国民营企业海外投资现状及优化路径.对外经贸报,2016(6):79-82.

业应该制定完善的跨境投资制度，规范员工行为，投资过程中积极宣传自己的企业文化，在投资国塑造良好的企业形象。同时，民营企业要提高跨境投资效率与水准，不断优化投资管理的机制。

（二）提高创新能力，转变管理方式

民营企业应该抓住"一带一路"机遇，学会与其他跨国企业合作、交流，学习他人的先进技术，弥补自己的不足，引进人才，加大技术投资，创新自己的产品，提高科技含量，逐渐走向高端。同时要借鉴国外成功的公司治理经验，创新公司治理结构，寻求符合自己的公司治理方式，形成自己独有的企业文化（曹慧平，2006）。

（三）政府应加大对民营企业跨境投资支持力度

政府应完善民营企业跨境投资的全方位政策支持体系。首先，加大民营企业跨境投资的政策支持力度。建立民营企业跨境投资融资平台，使民营企业能够得到足够的跨境投资需要的资金；或者使政府可以直接给民营企业提供贷款，给予民营企业一些优惠政策如减少税收，可以让民营企业感受到政府的支持，增加跨境投资的信心（夏莹，2012）。政府应放宽民营企业跨境投资的一些条件设置，增加民营企业"走出去"的机会。

（四）搭建民营企业跨境投资的协调发展平台

民营企业想要"走出去"，就要学会自己给自己制造机会，增加实力。民营企业要学会相互合作、相互扶持，捆绑起来共同"走出去"。对于民营企业实施跨境投资来说跨境投资平台是一条更便捷的道路。跨境投资平台能够为民营企业提供出口便利，解决一些民营企业自己无法办到的事情。所以说，为了促进民企跨境投资应该建立跨境投资平台，推动民企与国际交流，有效开展投资。

第三节 混合所有制下的企业跨境投资

一、混合所有制的概念

混合所有制经济是指财产权分属于不同性质所有者的经济形式。从宏观层次来讲，混合所有制经济是指一个国家或地区所有制结构的非单一性，即在所有制结构中，既有国有、集体等公有制经济，也有个体、私营、外资等非公有制，还包括拥有国有和集体成分的合资、合作经济；而作为微观层次的混合所有制经济，是指不同所有制性质的投资主体共同出资组建的企业[①]。

二、混合所有制的发展与意义

混合所有制改革是任重而道远，同时给我国国有企业的发展带来新的契机。《中共中央关于全面深化改革若干重大问题的决定》指出，要积极发展混合所有制经济。我国混合所有制改革从产权开放来看，实行的是"四线并进"。

混合所有制实现了政企分开，推动国有企业规划企业制度，为国有企业顺利转型提供契机（杨宁，2005；刘亚辉，2014）。同时支持非公有制经济的健康发展，各种所有制资本取长补短、相互促进、共同发展（图4.3）。

2017年，经济日报发表文章称国企混合所有制改革进入落地之年。

---

① 百度百科. 混合所有制经济. http://baike.so.com/doc/576502-610331.html.

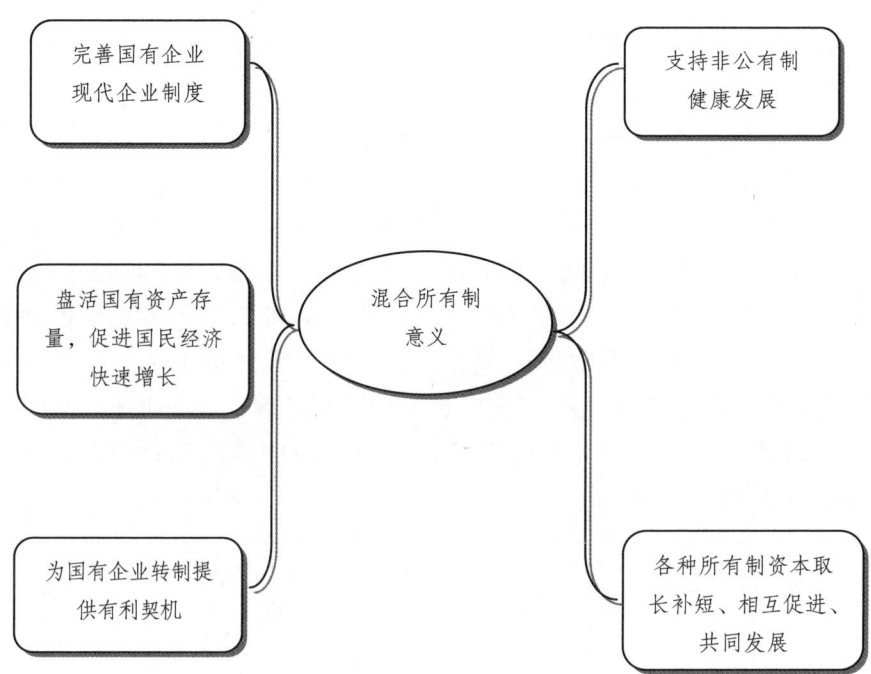

图 4.3 发展混合所有制的意义

三、混合所有制助力中国企业"走出去"

混合所有制为中国企业"走出去"提供了新思路，陈维（2014）提出的混合所有制经济在推动中国企业"走出去"方面的观点，总结混合所有在助力中国企业走出去的优势（路虹，2014）。主要体现在以下方面：

第一，国有企业改革使企业完善法人治理结构，成为自主经营主体。这就使得国有企业的公司治理结构得到进一步改善。通过国有企业的改革，将会改变国有企业原先存在的一些治理弊端，实现市场资源的高效配置，防止国有资产的流失（王诚，2014；奚爱国，2015）。

第二，通过混合所有制改革，国有企业能够减缓和弱化政府背景，可以更容易被投资国家接受，这样可以有效打消外国政府和企业对于中国国有企业"走出去"动机的担心和疑虑，减少对中国企业跨境投资在各方面的限制,使中国国有企业的跨境投资更容易实现,也不会以为其自身力量弱而成不了气候。

第三,混合所有制下引进是国有资本和民间资本合作的场所,PE(Private Equity)资本等财务投资者和产业投资者,使中国企业更有资本实现跨境投资,民营企业也可以与国有企业实现公平的竞争,共享资源,促进经济发展,达到合作共赢的局面(马云鹏,2014)。

第四,通过混合所有制改革,能够给企业带来有丰富经验的跨境投资人才支持,打开企业的国际化视野,这些人才的能力,能够给我国企业在"走出去"的道路上做出合理的投资决策。不论是在企业"走出去"的战略决策层面,还是在"走出去"后的整合执行方面,都能起到非常积极的作用[1]。

---

[1] 陈维. 混合所有制助力中企"走出去". 第一财经日报,2014(4):1-2.

第五章　跨境投资的投资方式

跨境投资方式有股权投资模式与非股权投资模式这两种（杨长湧，2011）。而对外直接投资是股权投资模式的一种，对外直接投资的主要方式又包括有绿地投资和跨境并购两种（见图 5.1）。

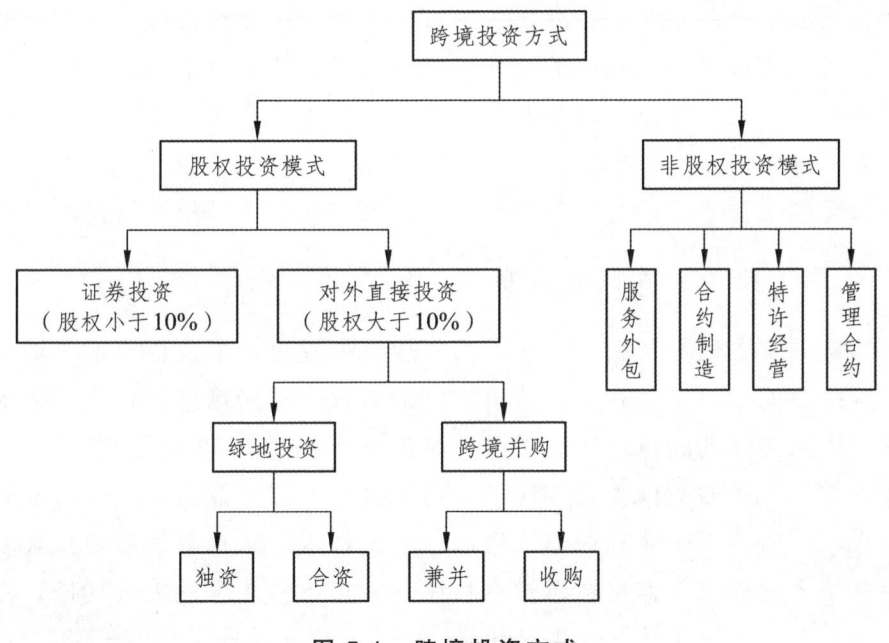

图 5.1　跨境投资方式

第一节 跨境股权投资

一、跨境并购

(一)跨境并购的界定

跨境并购是跨国企业常用的一种资本输出模式,通常由两个及以上的国家或者经济主体的企业进行跨境并购。跨境并购包括兼并和收购两种方式,这两种方式的目的都在于获取被并购公司的控制权。兼并是指通过本地企业和目标企业通过进行资产或者经营活动成立一家新的经济体或者并入已有的企业。跨境兼并有两种类型,一是在国外新成立一个经济实体,二是跨境吸收兼并目标国企业。收购是指并购企业通过获取别国目标企业的全部或者部分的股份或者资产,从而取得目标国企业的产权并参与经营管理,最终达到实际控制的目的。

(二)跨境并购的发展历程

随着"走出去"和"一带一路"倡议的提出,中国企业不断增加跨境投资的规模,而企业以跨境并购的方式进行跨境投资也在不断发展。中国企业的跨境并购历史并不是很长,起源于20世纪80年代。尽管如此,中国的跨国企业还是获得了很大发展,数量和规模都不断增大,对中国本土企业快速取得国外先进技术、拓宽国外市场和获取相关资源有着重要作用。通过资料整理,卢进勇、李秀娥(2012)将跨境并购分为三个阶段,即1982—1991年探索阶段,1992—2001年稳定阶段以及2002年以来迅速发展阶段[①]。

---

① 卢进勇,李秀娥.中国企业跨境并购历程、特点、问题及对策研究.外资,2012(12): 40-44.

1. 探索阶段：1982—1991 年

中国企业在最初进行跨境投资的第一个十年，还处于探索阶段，对外宣布的跨境投资项目的数量和进行交易的金额大多偏少。并且，跨境并购的主体多是国有控股企业，民营企业几乎没有实力完成跨境并购。技术、资金的缺乏也给跨境并购带来了阻碍。据 Thomson Reuters 并购数据库统计，中国企业在这个时间段内一共实施了 32 起跨境并购，有 27 起顺利实现并购，总披露金额 19.66 亿美元，成功并购的披露交易金额 17 亿美元，原材料、电信、工业和金融行业涉及的并购项目尤多，并且主要集中在美国、澳大利亚和我国香港地区。

2. 稳定阶段：1992—2001 年

跨境并购逐渐的摸索、发展，从 1992 年起就进入到稳定阶段，并购的规模和数额不断增大。同样由 Thomson Reuters 并购数据库统计，在跨境过程中，中国跨境并购公开宣布 341 起，金额大约为 80 亿美元，但是只有 225 个项目顺利完成跨境并购，完成交易金额大约 60 亿美元。并购行业主要集中在工业、金融和电信行业。但是国有企业仍旧是跨境并购的主体，所以很多规模较大的并购活动依然是由国有企业完成的。期间大型的国有企业有中国石油天然气集团、中国远洋运输、中国国际航空、中粮集团、中信集团等。跨境并购的国家变化不是太大，但是增加了对发展中国家的资源并购，由于经济、技术发展的需要，这类并购正逐步扩大。

3. 迅速发展阶段：2002 年至今

党的十七大报告提出的"走出去"战略，以及 2001 年中国加入 WTO 组织，结合对外开放的基本国策，给中国企业的发展带来了参与国际竞争的机会，不仅仅是国有企业，民营企业也抓住机会逐步加快跨境并购的步伐。在这个阶段，中国企业跨境并购开启了迅速发展阶段，公开宣布的并购数额快速增长，中国成为世界跨境并购的后起之国。据 Thomson Reuters 并购数据库、《2014 年中国对外直接投资统计公报》以及商务部的统计,2002—2014年,中国企业对外投资总案例数为7061起,其中跨境并购案占总案例数90%,表明跨境并购成为中国企业对外投资的主要方式。并购行业包括采矿业、制造业、供应业、服务业、信息行业等17个行业大类。可见,传统行业在并购中逐渐减少,并购国家涉及全球(见图5.2)。

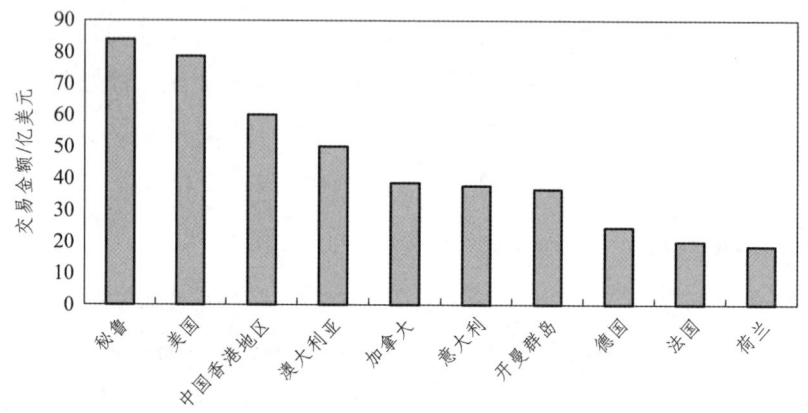

图 5.2　2014年中国企业海外并购十大目的地

资料来源:《2014年中国对外直接投资统计公报》。

二、跨境绿地投资

(一)绿地投资的概念

绿地投资是指国际公司等投资主体在其他国家按照当地法律设立新的公司,并且该子公司的全部或部分资产的所有权都归跨国公司投资者所有。绿地投资一般会给东道国带来资本存量的增加和就业的扩张;绿地投资分为独资和合资两种形式,独资企业主要是指投资者在外国设立分公司或者子公司,合资企业主要是通过与东道国本土企业共同合作的方式来设立的企业。以往绿地投资方式在中国企业的跨境投资中一直占主要地位,但是随着全球第五次跨境并购浪潮的兴起,跨境并购成为主要的跨境投资方式。目前,绿地投资主要集中在经济不发达国家和地区，行业上则主要集中于信息技术业，其次为资源开采业（武锐、黄方亮，2010）。

据《金融时报》旗下数据部门 FDI Markets 指出，2016 年前 4 个月，中国成为全球最大绿地投资来源国，中国企业境外绿地投资项目有 126 个，投资总额达 294.3 亿美元。

（二）绿地投资的方式

1. 加大投资，在国外设立研发机构

为了开拓海外市场，跨国公司尤其是高科技企业通常选择在国外设立研发分支机构。选择海外研发这种模式的好处是可以更方便地获取国外的研究资源和研发人才，增强自身的技术创新能力，保持企业的研发水平与国际接轨，获取国外先进的自主知识产权，亦使自身具备一定的自主知识产权，从而强化企业的全球竞争力。

2. 在投资国建立贸易基地

跨国公司可以通过在海外建立基地这样的方式来拓展海外市场，把国内的原材料、设备等出口到别的国家进行加工装配。通过海外建设基地进行生产加工的方式，可以利用外国更低廉的劳动力或者土地租金来降低成本，合理利用原产地规则来规避贸易壁垒，带动国内产品和原材料的出口，推动我国海外市场的发展，并进一步推动我国的产业结构调整，把一些低端的生产制造行业或者工业转移到国外。但选择在海外进行加工生产的企业需要自身具备一定的优势，所以对于一些产业相对成熟的产业更适合选择这种方式。

3. 拓宽国际市场营销渠道

跨国公司还可以选择在海外建立营销机构来拓宽公司在国际上的销售渠道和网络。国际市场营销渠道是指一个国家生产的产品销售给国外消费者期间要经过的渠道或者路径。在国外建立营销渠道仅仅是把销售环节转移到了海外，而产品的生产加工环节仍然在国内进行。通过建立海外营销渠道可以帮助企业减少产品的流转环节，增加企业的规模效应,通过最少的中间环节就能把产品直接送到国际市场,降低产品的销售成本,使企业获得成本领先的优势。此外,跨国公司还利用海外低廉的劳动力对产品进行销售,也能使企业自身具备成本优势。但这种方式也存在不足,比如可能会很容易受到别的国家的反倾销调查和很多贸易壁垒的限制。

三、绿地投资与跨境并购的比较及建议

(一)绿地投资与跨境并购的比较(表 5.1)

1. 从企业层面来看

表 5.1 绿地投资与跨境并购的优缺点比较

分类	绿地投资	跨境并购
优点	成本低 风险小 灵活性高	扩张速度快 便于获取东道国的资源、技术等
缺点	无法快速扩张 无法利用东道国的资源、技术等	成本高 并购风险大

对于企业而言,绿地投资的优点主要在于两个方面:一是成本低,绿地投资在境外进行投资,只需要按照当地法律设立一个新公司,成本低,而且几乎或者很少存在与东道国的企业整合的问题(朱只砺,2011;冯华,2014);二是在投资初期,企业的灵活性更大,管理层从跨国公司自身的战略目标出发,在利润分配和营销策略方面有较大的控制权,并且创建新的企业不易受到东道国的政策和法律的限制。然而绿地投资的缺点就在于无法和跨境并购一样快速扩张,也无法利用东道国企业的资源、技术等。

跨境并购相对绿地投资的好处主要在于两个方面:一是可以快速扩张,跨境投资企业可以利用东道国已有企业已经建设好的商业设施;二是便于获取东道国已有的技术和资源和人才。然而,跨境并购的坏

处就在于成本消耗大，并购企业要消耗大量的资金，尤其是并购具有竞争力的企业。此外，跨境并购还有个坏处在于并购后两个企业之间由于文化地域的差异，导致双方企业的整合难度大。然而，迄今为止的有关研究表明，跨境并购后企业整合的成功率并不高。

2. 从东道国角度来看

（1）虽然跨境并购和绿地投资都能为东道国带来金融资源的流入，绿地投资能为东道国尤其是落后的国家带来先进的管理和技术，增加当地的就业和生产力，还能提高东道国相关行业的竞争力，对东道国的经济发展有促进作用。但跨境并购并不一定带来生产性资本的直接增加。

（2）跨境并购往往伴随着企业重组，而强势企业并购弱势企业后，随之而来的往往是对企业原有员工采取精简措施，所以，跨境并购不但不能为东道国增加就业机会，反而可能会导致失业人数增加。

（3）跨境并购还可能减少东道国相关行业的竞争，在一些情况下会直接导致跨国公司在东道国相关行业的垄断地位，可能会引发东道国对于本国经济安全的担忧（杨多友，2004）。

因此，从东道国的角度而言，绿地投资显然更容易受到东道国的欢迎，而跨境并购可能会转移东道国资源、技术等以及削弱当地企业的竞争力，甚至还可能威胁到国家经济安全。所以，这可能就是许多国家严格限制跨境并购的原因。联合国贸发会议的研究也表明，在正常情况下，尤其是在发展中国家，绿地投资比跨境并购更受欢迎（田立新、尹坚，2004）。

（二）对实施跨境绿地投资的一些建议

1. 正确认识自己和竞争者

跨国公司的优势是针对不同的市场和竞争者而言的，而每个国家和地区对投资的需要是不同的，所以，这些"走出去"的企业在进行绿地投资时首先要对东道国开展全面的调研，认清自己的优势、劣势、机遇和挑战，确定自己比东道国企业更具有竞争力（李一文等，2011），如拥有核心技术、规模更经济或者管理更先进等优势,再进行跨境投资。等跨国公司在当地站稳脚跟后,再利用当地的资源和当地的人才,快速发展长处,在竞争上占据优势地位,从而发展得越来越好。

2. 提高跨国公司的管理水平

所有成功的企业都极其重视提高其管理水平,因为好的管理才能对企业资源进行优化配置,把每个资源的作用发挥到最大化,比如对财务、产品的加工和生产以及对人才的运用。企业在海外进行管理经营时,要在管理方法和思维方式上都与国际接轨,不断提升企业的管理水平,加强对财务、人事和生产的管理,协调好各个部门的合作。

3. 结合当地情况进行技术创新

我国企业在国外进行绿地投资活动时往往缺乏国际竞争力,主要是由于缺乏创新能力,缺少核心技术。但是我们仍然可以把一些已经成熟的技术运用到发达国家的某些行业中,也可以保持竞争力。所以,企业除了增加研发投入、提高创新能力外,也可以试着结合东道国的市场需求对已有的成熟技术进行加工改造,研发出当地化的新技术,使生产的产品能满足当地市场的需要。

4. 采用灵活、创新的组织结构

基于通信技术和互联网技术的发展,跨国公司的组织结构也在不断发展,主要表现为企业越来越网络化,不同国家地区的母子公司联系比以往更加紧密,信息流通更加快速便捷,公司架构更加复杂。跨国公司之间还形成了战略联盟,共同合作,实现优势互补。所以,我国企业在国外进行绿地投资活动时,要多借鉴和吸取其他跨国公司在组织管理方面的经验,不断改革自身的组织结构,进行体制创新,以灵活的方式进行跨境投资。

(三)中国企业实施跨境并购的有效策略

随着我国推广和建设"一带一路",跨境并购的中国企业面临新的机遇和挑战，本小节对中国企业如何实施跨境并购概述如下。

1. 通过积极调研，建立一个明确的兼并和收购战略

决策者应该更多地关注竞争环境，包括行业壁垒、行业竞争、供应商和买家讨价还价能力，也应该了解"一带一路"涉及国家的人文环境。此外，还有一些其他因素，如政策、工会团结等。对于中国的企业来说，要想实现跨境并购，首先要熟悉和掌握全球的行业状况，分析行业及目标市场的竞争力（赵伟、黄上国，2004；朱红超，2015）。因此，建立一个适当的适合企业的长期发展的并购战略是非常重要的。

2. 通过筛选，明确目标企业

企业想要完成跨境并购，不能够好高骛远，必须要找准想要实施并购的企业。找到可行的目标企业才是成功的关键步骤，若企业寻找到的目标过高，企业将无法完成跨境并购；若目标过低，即使实现了跨境并购也可能会造成资源的浪费。为此，企业应该建立鉴定组，如果可以它应该包括不同行业的人如律师、投资家、会计师。企业本身也应该组织有专业人士的团队。这个鉴定组能够评估各种并购活动。

3. 选择正确的融资和支付方法

随着"一带一路"的建设，企业为跨境投资而进行融资的可能渠道越来越多。企业在跨境并购过程中应该选择适合自己的融资渠道。比如2008年的金融危机，在全球范围内影响广泛，各国企业受其影响损失严重，同时给中国企业实施跨境并购造成很大的影响。因此，企业要合理分析并找到保险的融资渠道。跨境并购过程中最常用的方式是现金支付[1]。同时，要建立跨境并购的评估体系，评估这个投资项目能给企业带来的效益大小。

---

[1] 李妍妮.中国企业跨境并购的策略分析.企业导报，2016（10）：16-17.

4. 注重并购后的整合

跨境并购之后的整合就是实现并购的战略价值。它涉及多方面，企业应该制订合理可行的整合计划（徐振东，2005；周宏芸，2006；李小真等，2009）。首先，并购之后要尽快与企业员工进行沟通，安抚人心，避免因为并购而造成人心浮动。要尽自己最大的努力留住原企业的员工，尤其是中层管理人员，他们负责企业的日常运营，是企业可以持续下去的支柱。要让员工知晓他们的福利和报酬，不要让他们因为公司被并购而觉得自己的待遇不如从前[1]。跨境并购中存在的文化差异是无法避免的，文化的冲突需要企业在实施并购的过程中，了解当地文化，尊重当地文化。企业文化体现了企业的治理理念，并购之后要融入新的文化给公司员工需要一定的策略和时间。

第二节 跨境非股权投资

联合国贸易和发展组织 2011 年发布的《世界投资报告》主题是"国际生产和发展的非股权经营模式"，这一命题将人们的目光集中到一个新的投资方式上来，即非股权经营模式的投资。最初，跨国企业主要以跨境股权投资为主，但传统的投资模式受到诸多因素的限制，缺少灵活性，这时作为跨国企业不断创新的产物——非股权经营模式投资——引起了人们的注意。

根据 2011 年联合国贸发组织发布的《世界投资报告》，我们将非股权经营模式定义如下：非股权经营模式是跨国企业在不持有东道国企业股份的前提下，来实施管理控制权的国际市场进入方式。它主要包括服务外包、合约制造、特许经营、管理合约、订单农业、许可经营及其他类型的合约关系。

---

[1] 陆永政. 我国企业跨国并购支付风险控制分析. 财务与管理，2013（4）：32-33.

一、跨境非股权投资的优势

（一）非股权投资是一种资金投入较少、风险也比较低的跨境投资方式

与跨境股权投资相比较而言，跨境非股权投资更具有灵活性。例如，与跨境绿地投资相比较，跨境非股权投资不需要在东道国建设新的生产能力，而且也不需要招募工人，这样就会大大降低投资的成本。又如与跨境并购相比较，非股权投资方式仅仅是通过合约的方式与东道国企业达成协议，各自分工进行合作，而并不参与目标企业的公司治理，节约了并购过程中花费的一些费用和成本。同时，由于跨境非股权投资的投资成本很少，这就使其中的政治风险和经营风险随之降低。虽然非股权投资在遇到大的问题时损失小，仅仅是投资中的一些收入而已，但这并不能说明这些问题的损失是可以忽略不计的。非股权投资方式为企业在想要尝试跨境投资的时候提供了机会，尤其是在市场并不健全、目标国投资环境欠佳的情况下，非股权投资可以降低企业的投资成本，更加灵活地渗入当地市场，以达到控制的目的。

（二）提高企业的竞争力，推广企业的技术和经验

企业进行跨境非股权投资，可以降低自身的投资成本，提高生产效率。因此，企业会有更多的精力和时间来提高企业的竞争力，促使企业得以迅速发展。初期，企业的技术在目标国家市场上获得盈利之后，可以通过专利许可允许目标国家使用，同时收取一些费用，增加收益。

（三）非股权投资有利于企业的产品进入目标国家

与一般的贸易出口相比较，非股权投资可以有效地避开目标国家的关税和贸易壁垒，降低投资的成本。在企业的产品进入到目标国家以后，如果市场经营有效，得到当地的认可，由此给企业带来的产品上的口碑效应对企业在他国再次投资有了广泛的民众基础，提高了成

功的概率。尤其是对于敏感的环境下，跨境非股权投资可能更合适，更容易使东道国的民众接受。

二、跨境非股权投资存在的问题

（一）不稳定性

跨境非股权投资存在的最大问题就是它的不稳定性。相比较股权投资，跨境公司对投资项目的控制权比较小，对于东道国企业的管理和控制只能依赖于技术、管理等与股权没有直接相关的资源，实施起来比较困难，没有股权投资强有力的控制。这种不获取控制权的跨境投资方式遭受的违约的可能性要比股权投资大很多。

（二）企业保密性差

跨境非股权投资涉及技术、管理等方面的投资，企业的利益受到许可范围和期限的影响。通常情况下，跨境非股权投资由于对东道国企业的控制权小，不能够进行严格的监控、治理，就会使企业的技术泄露和经验管理外传的可能性。这种风险发生以后是不可控制的，就会给企业带来核心技术上的巨大损失，使企业跨境非股权投资的优势不复存在。

（三）可能损害企业的形象

非股权投资运用企业的商标时，如果在生产环节控制不得当，出现产品质量问题就会使企业的形象受损，影响企业今后的跨境投资。而许多企业的经验表明，在对外非股权安排中，想要对东道国的生产与销售实行全过程的监督很难，这就使得很多跨境投资企业格外注重被投资国企业的声誉以及企业自身的发展能力和质量。同时非股权投资有可能给企业带来竞争，企业对东道国输出技术与管理，如果协议没有严格限制，很可能在合约满期时，东道国企业成为投资企业的强有力的竞争对手。

三、非股权经营模式在中国跨境投资中的意义

《世界投资报告》2011年指出,跨国投资模式正在多样化,现如今很多企业选择非股权经营模式,因为它具有的灵活性和多样性,为中国企业"走出去"提供了更多的机遇(周经、张利敏,2015)。

第一,非股权对东道国企业的控制弱,经营模式使当地居民更容易理解和接受。对于国有企业来说,使其不再仅限于独资合资等股权形式的投资形式,让国有企业更容易实行跨境投资,在国际经济环境中发挥自身优势,展现我们国家的综合实力。

第二,股权投资灵活性比较大,在政治、文化等方面的限制比较少,要求低。对于拥有资源较少的一些企业来说,可以更容易进入国际市场,以便利用当地资源发展。尤其对于我国的中小企业,高门槛的跨境投资使它们无法实现跨境投资,股权投资模式为中小企业争取到更多的发展机会,为它们进入国际市场提供了便捷。

第三,在股权投资遇到风险的时候,企业更容易抽身。企业投资风险低,得到的利润相对稳定。

总而言之,非股权经营模式并不是将原先的跨境投资方式排除在外,而是两者相互结合、互为补充,给中国企业的跨境投资在更少的资本输出上赢得最大的利润,从而加快实现企业投资化的进程,为其赢得更广阔的国际市场[①]。

第三节 跨境投资方式的影响因素

一、影响绿地投资和跨境并购策略选择的宏观外部因素

(一)经济发达程度

经济发达程度对一个国家的经济结构有重要作用,对于较为发达

[①] 王香梅. 对外投资中的非股权经营模式. 合作经济与科技,2015,13(29):11-13.

的国家或者地区而言，跨境企业均为技术密集型或者资本密集型的产业，但是在发展中国家它们多为劳动密集型产业。研究发现，东道国经济越发达，跨境企业就越会选择跨境并购；反之，就会选择绿地投资。东道国的经济发达状况对于跨境投资方式的选择有重要的影响。

（二）东道国政府因素

跨国企业在进行海外投资时对政府的态度和政策十分重视，政府的行业、资金政策以及汇率政策都是与跨国公司的经营息息相关的。东道国的汇率变化对跨国公司企业的价值会有一定程度的影响，进而影响到企业的投资决策。当被投资企业所在国家的名义汇率比实际购买力更高时，公司的价值会被相对高估，海外投资企业更倾向于选择绿地投资，否则就更偏向于选择跨境并购。

（三）文化差异

文化差异在跨境投资方式的选择中占据重要的地位。不同国家或地区的文化理念影响着消费者的消费理念、选择方式，同时也影响着当地企业的组织、生产、人事、研究等各项战略活动，给跨国企业的绿地投资的市场的建立和并购后的整合带来了阻碍。跨境投资模式的选取受到被投资国家与投资国家直接的文化差异程度的影响。

二、影响绿地投资和跨境并购策略选择的企业内部因素

（一）企业规模

企业在进行跨境并购时，首先要考虑自己的企业规模，因为企业规模能够反映出企业的经济实力、所拥有的资源数量和质量，也决定了企业投资过程中的成本高低。也就是说，企业拥有的资源决定企业的投资方式。跨境并购的要求比较高，如果企业实力强，资源丰富，技术强大，则选择跨境并购成功的几率就大。而中小企业由于融资难，一般不会像大规模的企业一样选择并购。

（二）战略性资产

战略性资产即可以为一个企业带来差异或者成本优势的资产，如果企业的战略性资产容易转移，那么跨国公司在进行海外投资时会更倾向于采用绿地投资的方式。跨国公司通过利用别的国家的市场资源设立新的子公司，就可以利用自己已有的资产来拓展国际市场。如果战略性资产无法转移的话，跨国企业通常会选择并购的方式来获取被并购方企业的全部或者部分经营控制权，利用东道国企业的资源和企业自身的能力相结合来达到拓展国际市场的目的。

（三）企业经营行业

企业本身经营的行业也对跨境投资方式的选择产生影响，行业性质不同，投资方式也有差异。一般企业想要获得资源，就会选择跨境并购，跨境并购多涉及能源和资源类行业。中国企业跨境投资的行业呈现出多元化的发展，越来越多的行业领域参与到跨境并购投资和国际化竞争中。而绿地投资行业多集中在商业服务业。

（四）企业经营经验

企业在实施跨境投资的过程中，往往面临着巨大的信息成本和一些不确定性。建立投资之后，要打开市场、并购以及进行整合。企业在以往的投资中不断地积累经验和教训，为未来的投资决策提供强有力的经验支持。研究表明，企业如果实施多次跨境并购取得成功之后，必会对以后的投资方式产生影响。

总之，通常情况下，资源越丰富、国际市场越开放、宏观经济形势越乐观、劳动力资源越丰富，采取绿地投资的可能性越大；反之，应尽量采取跨境并购的方式。我国企业在进行跨境投资时为了实现互利共赢可以和东道国企业进行合作，从而避免引起东道国政府对技术资源流失的担忧。此外，还应该入乡随俗，遵守东道国的文化习俗，与当地文化融合。同时还应对东道国的资本市场环境进行详细的分析，比如产权、证券、担保抵押和中介市场，对于资本市场尚在发展中的国家应优先考虑绿地投资。最后,要和国内局势不稳定的国家加强双边关系,多方面分析目标国的优势和劣势,创造机会及时介入,这一类的可以优先考虑并购,待时机和条件成熟之后可以再考虑进行绿地投资。

三、非股权经营模式影响因素

环境因素是指企业在投资时与目标国和投资国环境相关的一些宏观方面的因素,这些因素不受企业自身的控制,但能阻碍或者促进企业的决策。

1. 东道国环境因素

首先,被投资国家的市场环境对于企业来说尤为重要。营销渠道、东道国的市场潜力,这些都是跨境投资的方式选择的重要决定因素。企业跨境投资的成功受到市场结构的影响。当市场上具有很高的不确定性因素时,企业通常会选择非股权投资方式进行跨境投资。

东道国间接环境因素,主要包括政治、社会文化和经济三个方面。如果东道国政府对当地企业的干预程度低,企业一般会选择股权投资方式;相反则会选择非股权经营方式进入,降低自己的风险。社会文化方面主要指东道国和投资国的语言、价值观、文化和生活方式之间的差异。如果东道国与投资国的文化差异很显著,则一般选择非股权经营方式投资。

2. 投资国环境因素

企业是否会选择跨境投资受到本国经济环境的影响。如果企业在国内的发展机遇少,国内市场容量小,为了发展,企业一般会通过跨境投资寻找机会。一般是以非股权经营投资方式打入外国市场可能更为合适,这也是在企业在国内发展实力弱的时候。

企业跨境投资受到原先成功跨境经营的影响。类似的投资经验会降低企业在跨境投资方式选择上的风险，降低企业的不确定性风险，确保投资活动的顺利进行。

3. 企业自身因素

跨境投资方式的选择受到企业资源的影响。企业拥有的资源是一种不可取代的独特的优势，决定着企业在国际市场上是否更具有投资的主动性。一般来说，当企业资源缺乏时，其竞争优势就比较低，想要实现跨境投资，则非股权投资是一个合适的选择。一般来说，如果企业是技术密集型或者服务型的企业，则在跨境投资中往往会选择非股权经营模式。若从产品地位的角度分析，非核心的技术或产品越可能采用该方式如服务外包[①]。

四、跨境投资方式的战略选择

中国企业应结合自身的技术、组织协调和整合能力以及东道国的政策和经济情况，对各种战略方式进行优劣分析，选择最优的市场战略。

（一）准确估计企业技术水平

拥有技术优势的企业往往可以在国际市场上拥有更强的竞争力，这样的企业就更希望保持对企业的控制力，因而绿地投资是不错的选择。纵观我国的现状，我国企业的技术水平在发展中国家处于较高的水平，我国在机械制造、纺织业、轻工业和家电等行业都拥有大量的比较适用的成熟技术，这些市场在国内已经较为饱和，企业的技术、专利和管理方法相对容易转移，则可以采取绿地投资的方式来开拓海外市场。然而，我国企业的技术水平和发达国家仍然存在比较大的差距。所以在发达国家投资可以考虑采用并购的方式进入，获取发达国家企业的先进技术和管理经验，并且利用发达国家的人才来发展自己

---

① 张璇.非股权安排在跨国经营中的运用.经营管理，2004（4）：39-41.

的人才，进行技术创新。

（二）重视东道国政策因素

中国企业在进行跨国投资的活动中，要考虑到东道国的经济、政治、文化、法律和自然条件等各种外部经营环境都与母国存在很大差别，环境复杂相对难以把握。目前，对于跨境投资来说，最大的障碍就是东道国政策的不确定性、两国之间文化的差异，因此中国企业要针对东道国的经济、文化和政策进行深入的调查分析。企业主要对东道国的银行金融业、资本流动、财政政策、贸易政策、工资和物价、政府的干预程度以及产权和行业监管等各方面的因素进行分析，并且要注意到时间变化对这些因素的影响程度。

企业对发展中国家作为东道国的国家的投资，要重点考虑这些国家自身的政治和经济情况，发展中国家通常对跨国公司直接投资和并购等方面设置了诸多限制，因而采取绿地投资可能会更加受到东道国的欢迎。但对投资者来说，我国许多企业在对发展中国家的投资上一般拥有更先进的技术水平，应加强与当地企业和政府的联系，合理利用东道国的优惠政策来进行绿地投资。

（三）健全宏观管理体制及相关法律

跨国公司由于其自身能力和地域的局限性，可能对东道国复杂的投资经营环境十分陌生，因而政府在这方面的支持尤为重要，尤其是针对各个国家的发展情况和最新经济动态，政府可以考虑设立一个专门针对跨境投资经营的机构，建立对国际市场上行业最新动态和各国投资环境的信息库，对我国跨境投资的企业进行统一的指导，跟进和研究跨国公司最新的发展动态，为我国企业进入国际市场提供必要的信息指导和咨询的服务。除此之外，我国还应该借鉴参考国外尤其是发达国家的成功经验，建立和完善我国的跨境投资和经营风险的法律体系，帮助中国的跨国企业在东道国可能受到的政治方面的风险提供保障。

第六章 "一带一路"背景下跨境投资国家、地区、产业与投资环境分析

第一节 "一带一路"背景下跨境投资涉及国家及地区

关于"一带一路"包含的国家及数目，政府、学术界尚未达成统一意见。根据《推动共建丝绸之路经济带和 21 世纪海上丝绸之路的愿景与行动》的阐述："'一带一路'沿线相关国家应基于但不限于古代丝绸之路的范围，各国和国际、地区组织均可参与"。因而对于"一带一路"涉及的国家及数目没必要界定得那么清楚，只需要一个大致范围即可。周五七（2015）总结发现，目前得到众多学者认可的"一带一路"国家如表 6.1 所示。

"一带一路"沿线区域大多由新兴经济体及发展中国家组成，总人口约为 44 亿，占全球的 63%；经济总量约为 21 万亿美元，占全球的 29%。这一区域的发达经济体共有 12 个，除以色列以外，大多分布在中东欧地区。它们分别是：波兰、斯洛伐克、捷克、斯洛文尼亚、匈牙利、罗马尼亚、克罗地亚、爱沙尼亚、保加利亚、拉脱维亚、立陶宛。

表 6.1 "一带一路"沿线的主要国家

区　域	主要国家
蒙俄地区（2国）	蒙古、俄罗斯
中东欧地区（19国）	波兰、捷克、斯洛伐克、匈牙利、斯洛文尼亚、克罗地亚、罗马尼亚、保加利亚、塞尔维亚、黑山、马其顿、波黑、阿尔巴尼亚、爱沙尼亚、立陶宛、拉脱维亚、乌克兰、白俄罗斯、摩尔多瓦
西亚中东地区（19国）	土耳其、伊朗、叙利亚、伊拉克、阿联酋、沙特阿拉伯、卡塔尔、巴林、科威特、黎巴嫩、阿曼、也门、约旦、以色列、巴勒斯坦、亚美尼亚、格鲁吉亚、阿塞拜疆、埃及
中亚地区（5国）	哈萨克斯坦、吉尔吉斯斯坦、塔吉克斯坦、乌兹别克斯坦、土库曼斯坦
东南亚地区（11国）	越南、老挝、柬埔寨、泰国、马来西亚、新加坡、印度尼西亚、文莱、菲律宾、缅甸、东帝汶
南亚地区（8国）	印度、巴基斯坦、孟加拉国、阿富汗、尼泊尔、不丹、斯里兰卡、马尔代夫

正如前面提到的，"一带一路"作为国际区域经济合作网络，它具有开放性、包容性，没有排他性和精确的空间范围。对"一带一路"区域外的国家参与共建表示欢迎。并且，参与"一带一路"建设的国家没有主导国或领导国之分，地位是平等的，但这并不否定某个国家在某个项目的组织与实施中发挥更多作用（王海运等，2014）。

一、丝绸之路经济带

丝绸之路经济带横跨亚欧大陆，绵延 7 000 多千米，途经更多国家，总人口约 30 亿。"一带"对于我国实现地区经济均衡发展和国家安全有着非同小可的意义。中国改革开放使得我国西部发展远落后于东部沿海地区。发展"丝绸之路经济带"，既能为西部的发展开拓新空间，又能为发展我国与中西、亚亚等国家的关系提供新的平台和机遇。发展"一带"建设，简单地恢复历史上的贸易通道远远不够，中国与沿线国家应基于互利原则，通过经济、政治、人文、安全等方面的链接，建设新的丝绸之路经济带，打造有着共同利益的命运共同体。

二、21世纪海上丝绸之路

海上丝绸之路是交通贸易的黄金路线和沟通全球文明的重要走廊。这条海道起始于中国东南沿海，穿过南中国海，进入印度洋、波斯湾，远及东非、欧洲。尤其要注意的是，东盟因为地理位置特殊（处于海上丝绸之路的必经之地），具有极其重要的战略意义。再者，东盟处于中间地带，由它链接起南亚、西亚、北非、欧洲等区域的市场链，实现区域经贸一体化。

中国境内，泉州、宁波、广州三个主要港口及福州、扬州等支线港作为"21世纪海上丝绸之路"的起点。沿线国家有印度尼西亚、菲律宾、新加坡、泰国、肯尼亚、柬埔寨、文莱、越南、老挝、缅甸、马来西亚、斯里兰卡等。

"21世纪海上丝绸之路"的建设不仅能减少中国对马六甲海峡的资源运输依赖，继而降低运输风险；而且有助于通过与海上国家的港口连接，共同打造沿海发展经济带，创建新的发展空间。

第二节　"一带一路"背景下跨境投资涉及行业

中国企业对外投资的动机不同，投资领域也不尽相同。寻找和获取资源，或提高自主创新能力和国际经营能力，或拓展营销渠道、推广产品（马玉荣和王艺璇，2015）。跨境投资涉及行业主要有基础设施建设、能源、新兴服务业、房地产、制造业等。

一、基础设施建设

基础设施涵盖铁路、公路、桥梁、机场、港口、电站、水利、能源管道等方面，对经济生产的效率、社会生活的便利性起着决定性意义（罗雨泽等，2015）。基础设施即使算不上牵引经济发展的火车头，至少也是驱动经济向前发展的车轮。因而，"一带一路"建设应优先发展设施联通。沿线国首先要合理规划基础设施建设项目，加强各国的技术体系的沟通与衔接，尽量做到标准化。同时，通过共同打造"一带一路"骨干通道建设，形成良好示范，进而带动链接亚、欧、非之间的基础设施网络的建设。以高铁最为典型。

周柳军、顾大伟和邢厚媛等（2016）指出，中国的高铁具有"世界四最"：规模最大、管理经验最丰富、现代化程度最高、速度最快。中国高铁已经建成运营里程将近1.7万千米，占全球运营里程的55%。时速达到300千米的高铁路线有9 600千米，占全球的60%。

1．中国高铁"走出去"的动力因素分析

（1）国际高铁市场需求旺盛。

法国、美国、英国、西班牙、印度、巴西、俄罗斯等10多个国家都制订了高铁发展计划。据估计高铁运营里程在未来10至20年内将新增到1万千米左右。与此同时，亚、非、拉地区国家迫切需要建设高铁来带动本国经济发展和城镇化进程。

当前，仅中国、日本、德国、法国等少数国家高铁技术发展比较成熟，多数国家仍需国外技术支持，有几十个国家希望与中国进行高铁技术和建设方面的合作。中国已与一些国家签署了高铁合作意向书，包括阿联酋、美国、老挝、英国、罗马尼亚、俄罗斯、泰国、巴西等国。

（2）中国高铁"走出去"已条件成熟。

第一，中国高铁"走出去"成本优势明显。李继宏（2015）提到，2014年7月，中国时速350千米和250千米的高铁项目建设的加权平均单位成本分别仅相当于国际常规建设成本的43%和30%左右。土耳其安伊铁路二期工程是中国海外建设的第一个高铁项目，造价仅为5 000万元人民币/千米，远低于国际常规建设成本。高铁建设成本偏低，进而给中国高铁票价带来竞争优势。中国高铁的票价能低到 7 美分/千米，而目前日本、法国、西班牙高铁的票价分别为 30 美分/千米、27 美分/千米、25 美分/千米。可以看出，任何国家都难以与中国高铁的成本优势匹敌。

第二，中国高铁技术和管理优势突出。杨艳军（2016）指出，中国高铁技术和管理具有独特优势：首先，中国通过学习国外先进技术，消化吸收后再进行自主创新，融会贯通他国和我国的高铁技术，从而掌握了世界上最完整的技术体系和具备多种标准体系的生产能力。其次，中国具有成熟的、一整套的服务系统，涉及勘察与设计、制造装备、工程施工、运营管理与安全防护。不论是建设方面还是运营方面，中国高铁有着应对恶劣自然环境（高温、严寒、沙漠、山区）的丰富经验。

第三，政府支持。国家主席习近平及国务院总理李克强于出访中，多次推销中国的高铁技术及设备，鼓励外方与中国高铁合作，为我国高铁"走出去"铺路。这其中包括中国与俄罗斯合作的欧亚高铁、与巴西合作的"两洋铁路"等。有了中国领导人在海外的大力推广，"中国高铁"的知名度得到不断提升。

2. 国际发展情况

（1）投资规模增长快。2014 年中国与海外国家签订合同金额达 247 亿美元，是 2013 年的 3 倍之多；完成营业额 76 亿美元，较 2013 年增长 31.3%。2014 年，中国出口内燃机车、城轨、地铁车辆、电力机车等轨道交通设备达 36 亿美元，较 2013 年增长 19.5%。

（2）投资地区拓宽。中国铁路不断探寻新的投资空间，主要展开与苏丹、土库曼斯坦、尼日利亚、阿根廷、阿尔及利亚等亚非拉国家之间的合作。2014 年，我国轨道交通设备出口到全球 70 多个国家和地区。铁路"走出去"项目的成功实施，既强化了中国与相关国家的经济与贸易合作，又提升了当地的现代化和居民的生活水平。

3. 中国高铁"走出去"面临的挑战

（1）中国标准认可度不高，面临技术性壁垒。

我国吸纳了德国、法国、日本高铁技术的优点后，整合出了自己的标准。但我国高铁发展时间不长，我国的高铁标准体系在国际市场认可度不高，导致目前我国在海外建设的铁路不能完全依据中国的标准体系来建设。而法国、德国高铁的发展时间较长，历史沉淀了一些技术上的优势及其在欧洲乃至世界上的良好口碑。中国高铁想要打开欧洲市场，全部装备都必须通过欧洲的标准认证，这不免费时费力。

（2）资金需求大，建设和盈利周期长。

一是资金需求巨大。修建铁路需要大规模的投资，而"一带一路"沿线国家大多是发展中国家，往往难以筹集修建高铁的全部资金，因而需要承建商或者第三方平台能够为其提供融资支持。

二是建设周期长。在建设过程中，有很多不确定的因素，很可能导致项目终止甚至最终废弃。

三是赢利周期长。在海外，承建高铁项目多采用 BOOT（建设—经营—拥有—转让）、BOT（建设—经营—转让）等方式，这些方式难以实现短期赢利，要靠高铁的长期运营才能逐渐赚回本金。然而，高铁的运营成本和维护成本、客流量的多少、其他交通运输业的竞争都会影响高铁的盈利时间。

（3）国际竞争激烈。

中国高铁"走出去"取得海外积极响应的同时，不可忽视的是，中国高铁仍存在包括德国、日本、法国在内的强劲的竞争对手。德国比较擅长 ICE 高速铁路技术，日本作为世界上第一个发展高速铁路的国家，积累了丰富的铁路运营经验，日本高铁的安全标准极高，运行 50 多年从未发生过大事故。法国是欧洲最先出现高铁的国家，以 TGV 高铁的高速度享有较高声誉。

二、能　源

（一）电　力

中国电力有较强的实力。中国掌握了具有自主知识产权的核电技术和几乎达到世界领先水平的水电机组技术。连续十多年，中国的电力设备生产量居世界第一。

中国电力与海外的合作体现在三方面：一是出口电力装备。2009年到2014年间，中国对外出口锅炉、发电机等电力设备达628.9亿美元，其中重点电力设备出口交易额约占全球的45.6%。二是对外承包工程项目。截至2014年年底，中国的电力企业在境外开展电力工程建设项目共计2 755个，合同金额达1 885亿美元。三是对外投资。中国企业在境外广泛设立电力公司，截止到2014年年底，海外公司数量达340家，投资总额184亿美元。

1．电力行业跨境投资概况

（1）投资地区。

当前，中国电力企业"走出去"涵盖的国家数量众多，有近百个。既有阿根廷、赞比亚、印度、埃塞俄比亚等发展中国家，也有意大利、葡萄牙等发达国家。

中亚是中国电力"走出去"的重点区域，该地区有丰富的、开发率低的煤炭、水利等发电资源。各国都有建设地区电力出口大国的战略。而今亚太地区用电量持续攀升。若在中亚建立发电设施，在满足了区域内部用电需求的同时，还可以向外部那些缺电国家送电。

（2）产业门类多元。

一是发电种类多。既包含水电、火电、核电、风电等比较传统的门类，也包含太阳能、生物质能等新兴领域。水电、火电是中国电力企业在海外发展的主要内容，新能源是未来的发展方向。二是产业链完整。囊括从最初的电站设计与咨询、资金融通到采购装备、建设电站、运营与维护。三是行业配套齐全。既能开展电站建设,也能发展电网建设。

（3）参与形式。

中国电力企业在海外得以发展并不断壮大,其参与形式不再局限于提供设备,而更多地涉及电力的设计、建设与运营等。它包括 EP（设计－采购）、EPC（设计－采购－建设）BOT（建设－运营－移交）、BOO（建设－拥有－运营）、IPP（独立电站）、PPP（公私合营）、融资租赁、并购等多种方式（周柳军、顾大伟、邢厚媛等,2015）。

2．机会和挑战

（1）国际电力需求旺盛。世界核能协会估计,2014—2020 年全世界核电市场将达 2 万亿美元。美国能源信息署预期国际电力市场的需求量会以年均约 2.3%的速度增长。众多发展中国家电力缺口大,发展中国家和新兴市场的电力需求每年平均增长 3.9%。

世界银行数据库显示,2011 年"一带一路"沿线国用电量为 4 032 千瓦时/人,20 个国家超过平均值（见表 6.2）。除了立陶宛,耗电量较大的国家都在西亚地区。

表 6.2　人均耗电量在 4 000 千瓦时以上的国家　单位：千瓦时

东南亚	人均耗电量	西亚、北非	人均耗电量	中东欧	人均耗电量	东亚、中亚	人均耗电量
文莱	8 507	科威特	16 122	立陶宛	15 530	哈萨克斯坦	4 893
新加坡	8 404	卡塔尔	15 755	斯洛文尼亚	6 806		
马来西亚	4 246	巴林	10 018	俄罗斯	6 486		
		阿联酋	9 389	爱沙尼亚	6 314		
		沙特	8 161	捷克	6 289		
		以色列	6 926	黑山	5 747		
		阿曼	6 292	斯洛伐克	5 348		
				保加利亚	4 864		
				塞尔维亚	4 490		

来源：世界银行数据库。

(2)中国电力自身有优势。企业经过多年来在国际经营方面的探究和实践,其规模不断发展壮大并积累了一定的经验。电力企业在设备、资金、技术等方面的优势为其进一步的发展提供了保障。

(3)有利的国际政治环境。长期以来,中国与世界各国尤其是发展中国家友好往来、和平共处。"一带一路"倡议提出后,在国际社会受到广泛的响应。法国、英国等国家热切盼望与中国在电力方面进行合作。

(二)矿产能源

1. 投资矿产品种

香港国际矿业协会(2015)报道,2015年中国企业完成的海外矿产能源投资项目共计55宗,有47宗交易披露了投资金额,达73.64亿美元。关于完成项目数方面,有色金属以13宗居首,其余依次为油气12宗、贵金属9宗、非金属8宗、黑色金属6宗、稀有稀土金属2宗、煤炭2宗、宝石2宗和新能源1宗(见图6.1)。

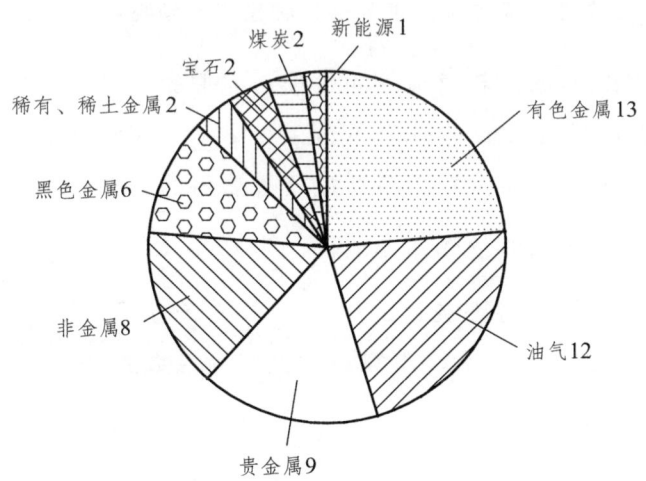

图6.1　2015年中国资本完成海外各种矿产项目统计(单位:宗)

香港国际矿业协会（2015）报道，2015年中国资本完成投资金额最高的矿种为油气，达 33.79 亿美元，其余依次为有色金属 22.97 亿美元、稀有稀土金属 5.92 亿美元、贵金属 4.28 亿美元、非金属 2.63 亿美元、宝石 1.70 亿美元、煤炭 1.10 亿美元、新能源 1.09 美元和黑色金属 0.15 亿美元（见图 6.2）。

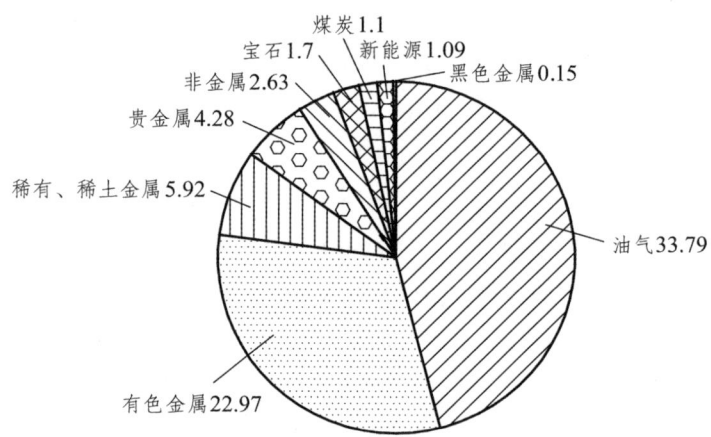

图 6.2　2015 年中国资本完成海外各矿种投资金额统计（单位：亿美元）

可以看出，2015 年对海外油气投资完成的项目数（12 宗，占比为 21.82%）和投资金额（33.79 亿美元，占比为 45.89%）比其他矿种占优势，是 2015 年中国资本海外投资最热门的一种矿产资源。

2．海外矿产能源投资热点地区

2015 年我国在各洲进行的矿产资源投资的项目数和金额分布如图 6.3 所示。其中，在大洋洲完成的投资项目数最多，在亚洲完成的投资金额最大。

第六章 "一带一路"背景下跨境投资国家、地区、产业与投资环境分析　097

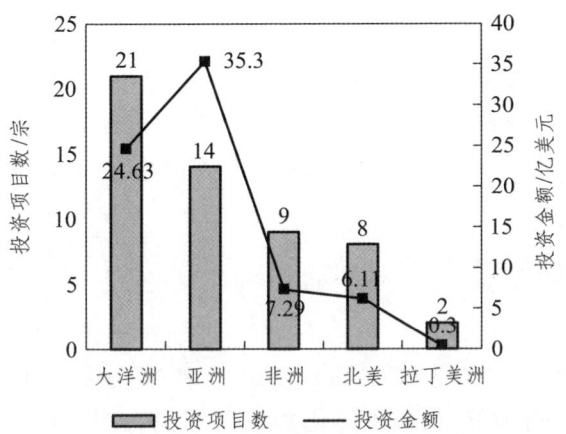

图 6.3　2015 中资向各洲矿产资源投资项目数和投资金额统计

资料来源：《2015 年中资海外矿产能源投资报告》。

中国主要对大洋洲的有色金属、贵金属，亚洲的油气、有色金属，非洲的有色金属、宝石，北美洲的油气、有色金属及拉丁美洲的油气进行了矿产能源投资（见表 6.3）。

表 6.3　2015 年中国资本向各洲能源、矿产主要投资情况

地区	矿物种类	完成项目数	完成投资额/亿美元
大洋洲	有色金属	4	11.83
	贵金属	6	3.24
亚洲	油气	6	29.16
	有色金属	3	5.31
非洲	有色金属	2	4.64
	宝石	2	1.7
北美洲	油气	4	4.31
	有色金属	3	1.19
拉丁美洲	油气	1	0.3

资料来源：《2015 年中资海外矿产能源投资报告》。

3. 海外矿产能源投资热点国家

加拿大多伦多交易所是世界矿业上市公司的主要集中地。加拿大、澳大利亚是全球两个主要矿业国家，因而成为中国企业境外矿产能源投资的热点国家。从 2015 年中国完成向各国矿产资源投资项目总数分布来看，向澳大利亚、刚果、俄罗斯、哈萨克斯坦的矿产资源投资金额较多。其中，澳大利亚获得的投资项目数及投资金额最多（见图 6.4）。

4．投资者类别

2015 年，将近 100 余家企业进行了海外矿产能源投资。紫金矿业以 7 宗海外投资排在项目数的第一，其次为中石化、中国五矿、洲际油气、正威国际等。多元化的投资主体占大多数，民营企业彰显了极大的市场活力，国有企业仅占约 20%。此外，A 股上市公司愈发成为境外矿业投资的主体，大型矿业基金也逐渐参与到境外矿业投资中。

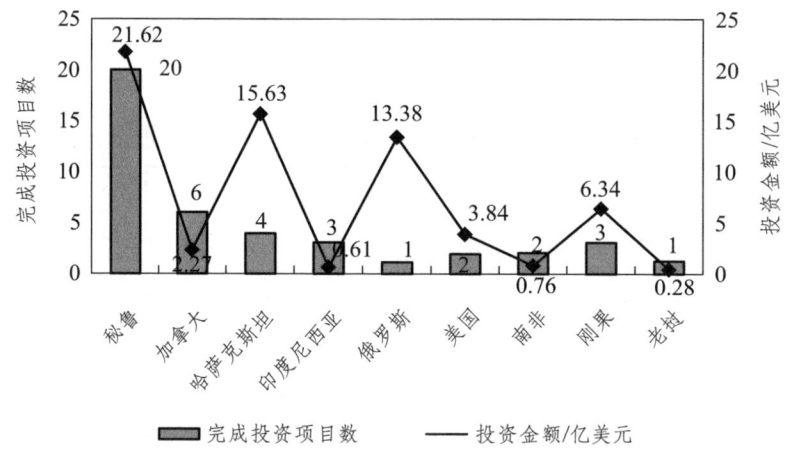

图 6.4　2015 年中资热点矿产资源投资目的国项目数和投资金额

资料来源：《2015 年中资海外矿产能源投资报告》。

三、新兴服务业

2014 年通信设备出口 430 亿美元，较 2013 年增长 10%。设备出口到全球 140 多个国家，覆盖全球约 1/3 的人口。我国的通信运营商为全球前 50 家商家中的 45 家提供服务。华为、中兴分别是全球第一、第五大通信设备供应商。中国通信设备制造业规模巨大，通信终端设备产量占全球 90%以上，无线网络设备约占全球市场 30%的份额。已有 6 家企业跻身全球通信终端设备供应商 10 强。

1．对外投资概况

（1）投资规模大。截至 2014 年，我国在通信领域对外直接投资累计约 147.8 亿美元，在境外设立企业约 650 家。2014 年签订对外承包通信工程合同金额达 150.9 亿美元，投资项目 260 个。

（2）积极开拓海外市场。中国移动主要采用对外股权投资方式合作境外运营商，主导或参与当地基础电信业运营。2014 年，中国移动境外投资金额约为 8.8 亿美元。

（3）多元化发展。通信设备制造逐步向 ICT 制造转型。企业的服务由通信领域向 IT 领域延伸，引入云计算服务，打造新型服务业。

2．发展机遇

"一带一路"建设推动了大量企业去境外投资，政府简化了对外投资的审批手续，成立了各种基金为企业境外投资提供资金支持。另外，中国企业相比欧美通讯厂商具有价格上的优势。以华为、中兴为代表的企业使得我国的通信企业在国际上的声誉越来越高，发展领域已从新兴市场拓展到发达国家市场。

3．主要挑战及应对策略

（1）挑战。

国际电信行业并购竞争激烈，即使并购亏损的集成电路设计企业也需要付出不低的成本。以美国为主的国家控制着 IP、高端装备和工艺与制程等 IC 产业链高端价值市场。

（2）应对策略。

拓展数字化服务新领域。加强与欧美电信运营商的产品准入合作，强化专利的共同研发、专利的相互授权合作。把握"一带一路"带来的良好发展机遇，推广 4G 网络大规模建设，拓展国际市场。扩大通信行业向拉美、南亚和非洲等新兴市场的发展空间，建立生产中心、售后服务中心。

四、房地产

从投资主体来看，万达、绿地、富力、万科、新华联、雅居乐、中国人寿、安邦保险等房地产开发商和保险公司仍是表现最为活跃的投资者。国企和保险资金是投资主力。海外投资偏重写字楼，占投资总额的近 40%，是最受欢迎的资产类型；海外投资排名第二位的是土地开发投资，其占比为 33%，同比增长 8%，变得越来越引人注目。

（一）中国对外房地产投资动力因素

（1）中国政府促进了海外投资。近几年来，中国的监管机构放宽了对保险公司投资的限制。保险公司得到允许，可以投资境外不动产，并可以增加其所持不动产资产的比例。此外，通过海外投资，使得过剩资金流向国外市场，减少国内房地产经济泡沫。

（2）开发商为了提升品牌形象。提高国际化声誉以及投资者日益增长的分散投资需求。

（3）海外政府鼓励中国去投资。房地产投资金额巨大，被投资国可以加以利用这些进行其他投资。

（二）投资项目

2015 年，全球大城市的房地产吸引了中国投资者更多的目光，保险公司持续投资地标性物业。大型投资者青睐资本价值和租金增长等方面占有明显优势的大城市。中小型投资者寻求回报更高但风险也更大的小城市（南通走出去服务平台，2016）。2015 年中国跨境房地产投资中，写字楼最受青睐，其次是开发项目（见表 6.4、图 6.5）。

表 6.4　2015 年中国保险公司、机构和开发商完成的前十大交易（不包含香港交易）

日期	投资者	项目名称	地点	物业类型	交易价/百万美元
2 月	安邦保险	华尔道夫-阿斯托利亚酒店	纽约	酒店	1 950
1 月	中投公司	目黑雅叙园	东京	写字楼	1 170
7 月	太平保险	莫雷大街 111 号	纽约	开发项目	820
1 月	绿地集团	地不老湾海滨城	马来西亚	开发项目	683
5 月	中国银行	布莱恩特公园 7 号	纽约	写字楼	600
1 月	平安保险	Tower Place	伦敦	写字楼	506
10 月	中国人寿	99 Bishopsgate	伦敦	写字楼	420
5 月	安邦保险	美林金融中心	纽约	写字楼	414
7 月	复星国际	布罗吉大厦	米兰	写字楼	384
6 月	皓源投资	邓迪路	新加坡	开发项目	358

资料来源：RCA。

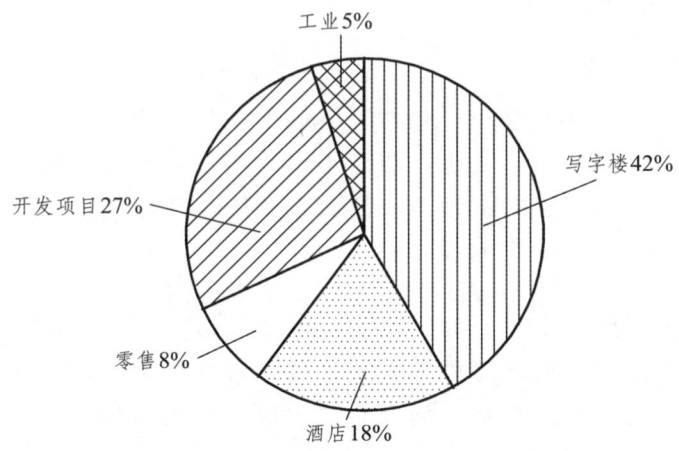

图 6.5　2015 年中国跨境房地产投资领域

资料来源：《2015 年中国对外房地产投资分析报告》。

截至 2015 年年底,中国对外投资总额已将近 300 亿美元,几乎是 2014 年投资总额的两倍。中国的房地产跨境投资还处于起步阶段,未来将会有更多的房地产开发商涉足海外市场(见图 6.6)。

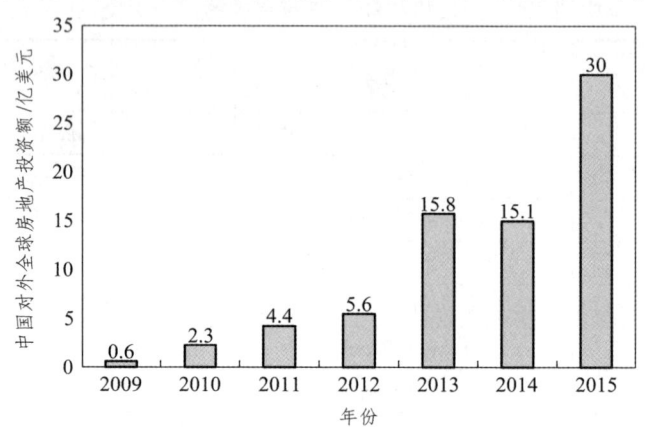

图 6.6 中国对外全球房地产投资额

资料来源:RCA。

(三)投资壁垒

1. 加大征税

潘秀林(2016)指出,加拿大不列颠哥伦比亚省政府为了削减中国投资者的过度投资,要求投资者上缴 15%的房产转让税。此外,墨尔本和新加坡等市也对房地产投资者征收额外的印花税,这加大了中国投资者境外购置房产的成本。

2. 限 购

澳大利亚等政府希望外国投资者前来修建房屋,增加当地房地产存量,而不是购买二手房,因而这些政府严格限制外国投资者购买其二手房。

(四)投资地区

市场的高透明度、资金流动性强的国家和地区十分吸引投资者的目光。以西欧为代表的地区市场较透明、法律和财政制度有助于国际业务的开展、资本利得的前景比较清晰。

2015年,中国对马来西亚的土地开发投资资金最多,约25.2亿美元,其次是中国香港地区、美国、澳大利亚以及新加坡。可以看出,中国境外房地产投资的资金主要流向亚洲国家和地区。

中国对欧洲的房地产投资最初是采用直接购买的方式。然而随着投资重点从门户城市转向那些高风险、高回报的二线城市,中国投资者更多地与在房地产市场有着丰富经验的房地产私募股权公司合作,以降低投资风险。

五、制造业

中国作为制造业大国,长期以来积累了丰富的生产技术及管理经验,这对于在境外投资制造业有很大裨益。近年来,中国的劳动力成本不断上涨,众多中国制造业企业到境外谋求更广阔的发展空间。以汽车行业为例。

汽车行业是制造业的支柱产业。在我国经济放缓、国民对汽车需求下降、企业内生增长动力不足的背景下,海外并购是汽车企业发展实现向外拓展的主要动力。汽车零部件企业是海外收购的主力。2015年,中国汽车行业在海外的并购交易额达到历史的巅峰,共计106亿美元,其中,几乎一半的交易数量都是1亿美元以下的交易。中国上市公司更加注重并购是否能带来稳定的、长期的投资回报,更乐于收购发展目标明确的境外企业。

1. 投资方式

德勤(2016)指出:2013—2015年,我国汽车和零部件企业在海外的并购交易数共60起,投资金额达177亿美元;海外建厂交易约有100起,投资金额起过100亿美元。根据这三年的发展态势,发现我国汽车企业正逐步扩大并购交易量和规模。

中国整车和零部件企业海外并购交易热衷于发达国家。大宗交易几乎由国有企业主导,民营企业也逐渐加入了并购的行业(见表6.5)。

表 6.5 中国整车和零部件企业前十大海外并购交易

时间	并购发起方	企业	并购标的	并购标的总部所在国	涉及金额/百万美元
2015	中国化工	国有	倍耐力轮胎公司	意大利	8 814
2014	东风集团	国有	法国 PSA 集团	法国	2 206
2013	华城汽车	国有	延锋伟世通汽车饰件系统	美国	928
2014	方源资本	私募股权	Key safety Systems	美国	700
2014	中航工业机电系统	国有	Hilite International	德国	644
2015	中航工业	国有	Henniges Automotive	美国	572
2014	上海集优机械	国有	Koninklijke Nedschroef Holding B.V.	荷兰	442
2013	潍柴动力	国有	凯傲集团	德国	430
2014	株洲时代新材料	国有	BOGE Elastmetall GmbH	德国	400
2015	万丰奥威	民营	万丰镁瑞丁	加拿大	220

数据来源：Mergermarket。

2013—2015 年，关于我国汽车企业对外投资方式进行了统计。对比绿地投资、海外并购两种投资模式的交易金额和交易数量如图 6.7 所示。

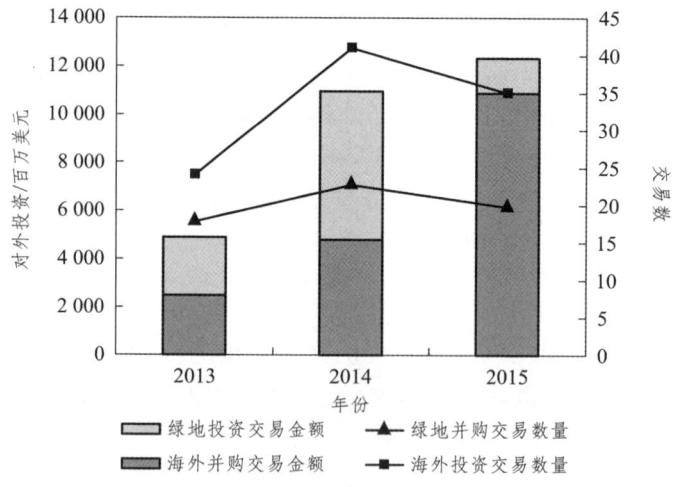

图 6.7 2013—2015 年中国汽车行业对外投资情况

数据来源：德勤研究。

由图 6.7 可以看出，尽管 2015 年汽车行业海外并购数目较上年同期小幅回落，但并购交易金额却极大地超过了绿地投资金额。海外并购将成为中国汽车企业对外投资的主要方式。资金流向方面，中国汽车企业跨境并购以美国和西欧等成熟市场作为主要目的地，海外投资建厂仍多选在东盟和拉丁美洲等新兴市场。

2. 投资主体

并购主导方逐渐从国有企业向民营企业转移。2013—2015 年，民营汽车厂商和零部件公司主导跨境并购 31 起，占总体跨境并购交易数量的 55%。2014 年，民营企业参与海外并购的数量开始超过国有企业，逐步走在境外并购的前列（见图 6.8）。虽然民营企业在并购数量上领先于国有企业，但民营企业的投资规模远不及国有企业。

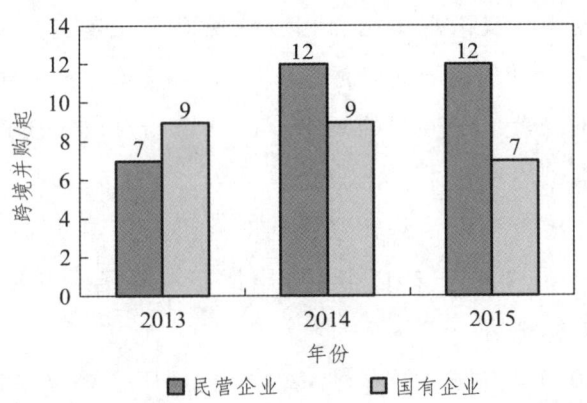

图 6.8 汽车行业海外并购主要参与主体分析（单位：起）

数据来源：Mergermarket。

3. 海外投资涉及的国家

（1）海外并购涉及的国家。

人力成本和原材料价格上涨等不利因素以及新兴市场国家带来的竞争，使得西方汽车零部件企业普遍存在金短缺问题，急于剥离非核心资产，这给我国汽车企业境外并购提供了机会。此外，汽车行业已开始朝着新能源汽车、自动驾驶和智能联网发展，与之相关的动力电池、驱动电机、汽车电子控制系统和传感器等方面的技术迫切需要得到升级。海外并购能为中国汽车企业迅速掌握国内不具备的前沿技术提供捷径。

德国是汽车制造业强国，是我国汽车企业境外并购的首选国家，通过并购能提供技术优势、品牌优势以加强我国汽车企业的整体实力。德国的中小型零部件企业是我国汽车企业扩大产能、完善产业链的最佳收购标的。并购的地区从新兴市场国家转向欧美等成熟的市场。北美、西欧地区是中国汽车企业跨境并购最活跃的地区。

（2）海外投资建厂涉及的国家。

近几年，我国的主要汽车出口国相继提高了汽车进口关税，加之汇率大幅度波动，我国汽车企业相应地采取了在东道国投资建厂的发展方式。充分利用东道国的资源、人才来为汽车生产提供服务，生产出来的汽车可以满足东道国的需求。欧美市场对汽车质量和尾气排放标准要求严格，不利于中国汽车企业进入。相反，那些汽车产业不发达、外资企业准入和监管都较宽松的新兴市场化国家可以为中国的企业提供投资机会。2013—2015年，中国汽车海外建厂主要分布在东盟、东欧和拉丁美洲地区。

2013—2015年中国汽车产业海外投资建厂主要分布在欧洲。就厂址所在国而言，建于美国的最多，其次是俄罗斯，巴西和德国同列第三（见图6.9）。

2013—2015年，中国汽车企业跨境投资建厂的资金主要投向俄罗斯，其次是巴西、泰国、墨西哥等。投资金额分布与投资建厂的数量分布的国家基本吻合。总的来说，俄罗斯投资建厂的数量和投资金额综合起来是领先于其他国家的，俄罗斯得到了我国汽车企业最大的投资（见图6.10）。

第六章 "一带一路"背景下跨境投资国家、地区、产业与投资环境分析　107

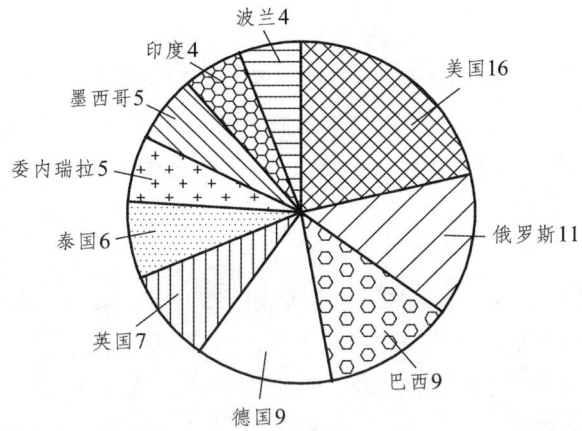

图 6.9　2013—2015 年中国海外投资建厂数量分布

数据来源：FDI Markets。

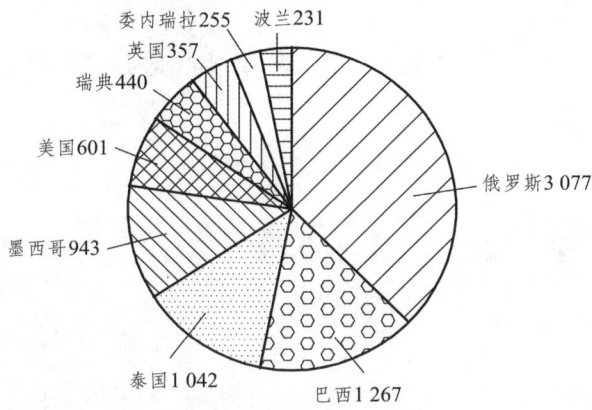

图 6.10　2013—2015 年中国跨境投资建厂金额分布（单位：百万美元）

数据来源：FDI Markets。

4．机遇与挑战及发展策略

（1）机遇和挑战。

发达国家经济还在复苏过程中，汽车市场比较稳定。而随着现代化进程的发展，发展中国家对汽车有了更多需求。中国在国际汽车产业链中的位置不断攀升，从产品贸易这样的价值链低端向以品牌作为竞争砝码的高利润端转移。

然而，中国汽车企业在国际市场上的过度竞争，引起了相关国家的注意，出台了一些贸易保护措施，限制了中国汽车企业的进入。我国汽车企业应加强对品牌形象的维护及汽车知识产权的保护，加强自身保护，了解投资当地的法律政策，熟悉东道国出台的外方违约责任、反倾销诉讼规定等。

（2）发展策略。

针对不同的国家，企业要制定差异化的投资策略。在市场需求大、产业配套完整的国家建汽车生产厂，拓展销售网络，设立维修服务中心。在欧美发达国家设立汽车技术研发中心，提供创新支持。以技术、管理和服务等方面为主打造品牌竞争力。将中国文化融入汽车产品，体现中国特色。

第三节 "一带一路"背景下跨境投资环境分析与评价

一、"一带一路"沿线国的经济、政治、法律、治安环境

（一）经济环境

1．资源禀赋

（1）自然资源。

普遍认为，一国能源产品（燃料、石油和金属矿产）出口占总出口比重越大，其吸引中国投资者的能力越强。资源租赁是一项协议，其中无期限拥有自然资源的合法所有者将资源出租给承租人，而承租人定期支付一定费用。这一指标更多地用来衡量政府管理资源的行为。在政府收取自然资源承租金持续增高的国家，外国直接投资会有所下降。"一带一路"地区石油和矿产资源产量相对丰富。世界七大储油区中有三个位于"一带一路"沿线上，分别是中东波斯湾、俄罗斯和亚洲，储油量达世界总量的三分之二。亚欧大陆是世界上最大的煤带

（2）人口互补优势。

"一带一路"地区的人口约为世界的三分之二，多为45亿人。但人口密度差异大，人口密集的中国和印度为劳动密集型产业贡献了很大力量，劳动力的转移和输出也促进了其他地区的发展。中东、印度、东南亚、东欧等地的教育水平较高，为"一带一路"的建设提供了技术保障。

2. "一带一路"沿线国家的经济发展水平

陈剑玲（2016）指出，"一带一路"沿线国的经济有很强的互补性。塔吉克斯坦、吉尔吉斯斯坦、巴基斯坦、阿富汗等国仍是农业大国，德国和中国业已成为制造业大国。石油、天然气、矿产等资源在"一带一路"的分布也十分不平衡。

2013年，"一带一路"沿线国人均GDP（国内生产总值）为1.2万美元，略低于同年度世界平均水平（1.37万美元）。沿线国有20个国家人均GDP在所在区域平均水平以上。23个国家人均GDP在1万美元以上（见表6.6）。

表6.6 2013年"一带一路"沿线国人均GDP在1万美元以上的国家

单位：万美元

	南亚	人均GDP	东南亚	人均GDP	西亚北非	人均GDP	中东欧	人均GDP	东亚、中亚	人均GDP
1			新加坡	5.48	卡塔尔	10.02	斯洛文尼亚	2.30	哈萨克斯坦	1.25
2			马来西亚	1.05	科威特	4.76	爱沙尼亚	1.90		
3			文莱	3.99	阿联酋	4.39	捷克	1.89		
4					以色列	3.70	斯洛伐克	1.77		
5					巴林	2.74	立陶宛	1.60		
6					阿曼	2.53	拉脱维亚	1.52		
7					沙特	2.48	俄罗斯	1.48		
8					土耳其	1.08	克罗地亚	1.36		
9					以色列	3.70	匈牙利	1.34		
10							波兰	1.34		

数据来源：IMF数据库。

可以看出，2013 年，"一带一路"沿线有 17 个国家的人均 GDP 超过当年世界平均水平，其中卡塔尔、新加坡、科威特等国发展态势良好，投资价值较大。

3. "一带一路"沿线国存在的经济问题

（1）汇率波动。

汇率主要通过两个方面影响外国的直接投资行为：东道国与母国汇率水平的相对变化以及东道国汇率的波动性（Steven，1977）。李一文和李良新（2014）通过对 347 例中国非金融类对外投资的反馈，发现包含汇率波动性因素的经营风险是中国境外投资企业最大的风险，发生概率为 46.6%。在金融体系方面，"一带一路"沿线不少国家银行不良贷款占比高、汇率波动大。

（2）贸易壁垒。

"一带一路"沿线有的国家过度保护本国经济。印度是"一带一路"沿线国中发起反倾销诉讼最多的国家。吉尔吉斯斯坦、塔吉克斯坦和哈萨克斯坦等国要求投资国满足其十来个文件的条例才能与之开展进出口贸易，办成出口手续的时间比较漫长。有的国家对中国企业的进入有抵触情绪，对中国商品频繁发起反补贴和反倾销调查。关于资金方面，季铸、孙谨、高磊（2013）认为"一带一路"沿线国家大多为发展中国家，经济实力不强，有着比较强烈的基础设施建设的诉求，但很多国家的政府长久以来财政赤字。

（二）政治环境

1. 政治稳定性

东道国领导人的更换频率、不同民族之间的矛盾、多种宗教信仰之间的冲突都会影响东道国的政治稳定性，进而影响投资者热情。张纪凤（2013）经实证检验发现，东道国政治风险指标（ICRG）变动 1%将会引起中国对外直接投资（OFDI）变化高达 4.05%。Bala Ramasamy 和 Matthew Yeung（2012）就中国企业对外直接投资的影响因素进行研究，得出政局稳定性变化 1%会导致中国企业对外直接投资流量变化 0.26%的结论。

国家执政领导人的频繁变更，或会导致政策朝令夕改，对投资的进展不利。"一带一路"沿线国执政领导人在 2005—2014 年人数变更情况如表 6.7 所示。

表 6.7 "一带一路"沿线国执政领导人在 2005—2014 年人数变更情况

近 10 年先后执政的领导人个数	该类型国家
7	泰国
6	尼泊尔
5	巴基斯坦、埃及、摩尔多瓦、波兰、意大利
4	马尔代夫、伊拉克、黎巴嫩、乌克兰、捷克、保加利亚、拉脱维亚、立陶宛、希腊
3	以色列等 11 国
2	德国等 29 国
1	叙利亚等 13 国

资料来源：根据中国外交部网站"国家与组织"栏目公开信息统计整理。

从表 6.7 看出，泰国是沿线国家中更换政治领导人最频繁的国家。尼泊尔也先后更换过 6 位总理。期间尼泊尔还出现政体变更，由君主制变为议会共和制。最高领导人执政时间最长的是阿曼苏丹赛义德，在位时间为 45 年。

2．领导人之间的互访

通常来说，两国领导人互相访问的次数增加时，两国间的直接投资可能会增加；反之降低。即企业在东道国投资往往会受到自己的国家与东道国之间关系友好程度的影响。若两国关系变差，进行投资的企业往往会成为"替罪羊"。东道国会设置更多的投资准入限制、加大征税力度、监管更加严厉。企业在东道国内若进行的是长期投资，则难以在短时间内及时撤离资本，可能会使企业蒙受较大的财产亏损。

3. 东道国官员的腐败

若东道国官员较为腐败，国际惯例和公平透明的市场规则将在投资中难以发挥作用，投资者只好增加财力、物力和人力的投入，这无疑极大地增加了投资成本。若长期这样发展，政府的公信力将会受到质疑，不利于跨境资本的进入。

总的来说在"一带一路"沿线有较多国家政局不稳定，一些国家长期处于战乱、族群冲突和政局动荡中（蒋姮，2015）。政治风险高的国家更加关注维护国家政局和把握政权。鲜有心思关注跨国投资合作建设项目。由此看来，稳定的政局是发展经济的前提条件。

（三）治安环境

Pion-Berlin（2011）认为，政府为打击犯罪而过多地消耗公共资源，会阻碍其在国计民生项目上的投入。Soares 和 Naritomi（2010）指出，有组织犯罪会导致制度失稳并破坏商业环境的良性发展。影响治安环境的两个最主要因素是恐怖主义和国家争端。

1. 陆上和海上恐怖主义

陆上恐怖主义方面，"伊斯兰国"、尼日利亚的"博科圣地"、阿富汗的"塔利班"和基地组织是公认的威胁世界安全的四大恐怖组织。据统计，约有176个恐怖主义、分裂主义和极端主义组织在印度活跃积极，约52个极端组织在巴基斯坦活动。2014年印度存在恐怖主义分子约796名，巴基斯坦高达4 745名（刘阳怀，2015）。此外，"一带一路"沿线的恐怖主义势力越来越多地借助现代科学技术发动袭击，破坏力极大（宫玉涛，2016）。

海上恐怖主义者通过攻击港口或者过往船只，可能会引致爆炸和污染物、有害物质的泄露，这极大地威胁到了物资运输和海上乘客的安全。有的物资运输者为了规避危险绕道而行，为此付出了更多的时间和运输成本。

2. 国家争端

"一带一路"地区尚存在领土争端问题。中国与菲律宾、越南之间存在"南海争端"。美国利用中国与周边国家的争端,大力扶持相关争端当事国,想借此与中国抗衡。短期内,这些国家与中国就南海问题难以达成共识,这给中国和东盟相关国家之间的贸易合作增加了阻力(刘海泉,2015)。为了减少与"一带一路"沿线国的摩擦,要发挥跨境民族、国家、文化之间的认同感等软实力在投资合作中的作用,使其成为"一带一路"合作战略的润滑剂。

(四)法律环境

中国企业跨境投资面临经济风险、政治风险、商业风险、治安风险、文化风险、法律风险等诸多风险,但大多数风险最终都可以归结为法律风险。因此,熟知东道国的法律政策能尽可能地规避投资风险。

1. 不同法系的法律对纠纷的解决方式不同

"一带一路"沿线的较多国家都有被殖民的历史,因此这些国家在很大程度上沿袭了发达国家的法律制度。同时,沿线国家的文化、宗教差异,导致他们的法律制度也有各自不同的国别特点(吕红兵,2015)。

不同的法律体系国家,不同的法律传统或者渊源在投资者保护的法律规则和纠纷解决方面差异甚大。一般来说,普通法系比大陆法系有着更低的司法程序形式主义和更大的司法独立性,这更利于合同的履行和财产权的保护(周塞军,2015)。

2. 劳工制度

"一带一路"沿线国家在劳工制度方面的规定较为健全,一般分为普遍适用的劳动制度和针对外籍劳务的制度。一些国家通过立法保护本国劳动市场,外国投资者进入东道国后,需遵守东道国的劳动法。在本国劳动市场保护方面,伊朗是过度保护本国就业市场的代表。伊朗对外籍人员长期在伊朗居留和工作采取十分严格的限制措施,包括获得证照条件烦琐、证照时间短、续签条件苛刻。

3. 投资管理制度

我国企业在海外投资可能面临的法律制度问题包括环境保护、知识产权、投资管理、税务等多个方面，有些国家在这些方面的管理非常严格。比如日本等国对反垄断的审核极其严格；西亚部分国家对投资领域、外资比例方面设限；关于 PPP 项目的管理，有的国家参照英国的 PPP 模式，也有的以特许经营权管理为主。关于此类问题，投资者需要提前对投资目标国做相应的调查了解，有效规避投资的制度风险。

4. 我国与"一带一路"沿线国家签订民刑事司法协助条约

陈剑玲（2016）指出，截至 2016 年 1 月份，我国对外分别签订了 19 项已生效的民刑事司法协助条约、17 项民商事司法协助条约，其中涉及 23 个"一带一路"沿线国家。当我国投资者在这些国家遇到与这些条约相关的纠纷时，可请求对方国家法院承认和执行中国法院的判决。

二、跨境投资环境分析

对"一带一路"内分区域就资源、需求、发展状况、营商环境等方面进行投资综合环境分析。

（一）"投资环境"的概念

第二次世界大战后，跨国公司研究了许多国家的投资环境，以寻找理想的投资地区，"投资环境"（Investment Environment）这一概念初出萌芽（李俊杰，2004）。

1968 年，美国学者伊西·特利法克及彼德·班廷创造性地提出了"投资环境"这一概念，从此对投资环境的研究有了理论支撑（厉以宁，1993）。邓宏兵（2000）认为，投资环境是指在特定时间段、特定区域内影响投资系统正常运行的所有主客观因素的复合体。类似地，吴玉鸣（2002）认为，投资环境有着开放性、整体性、区域性、动态性等特点，它是能为投资活动提供生产要素和生产条件的综合体。

（二）"一带一路"内的区域投资环境分析

1. 非 洲

非洲是世界上矿产资源最富饶的地区，金刚石、金、铀、铜等重要矿产资源储量均居世界首位，镍、石油、天然气、铬、铝土矿、锰、钴等矿产资源也很丰富。南部非洲矿业开发在非洲占首要位置，南非共和国是目前非洲最发达的国家。除南非外，西非是第二大投资热点地区，加纳是仅次于南非的非洲第二大矿业投资国（Jide Michael，2013）。

总体上说，南部非洲地区和西部非洲地区地质勘查程度与矿产开发程度较高，资料较丰富；而其他地区的地质勘查程度与矿产开发程度相对较低。从矿业投资的角度上，以南部非洲和北部非洲地区的矿业投资环境相对较好。中国对非洲投资应以"市场开拓型""能源获取型"以及两者结合型来开展。

2. 欧 洲

欧洲经历金融危机和欧债危机后，正在不断改善宏观经济形势和投资环境。欧洲国家经济复苏比较缓慢，需要外资为本国经济注入新的血液，外资准入限制得以放宽，因而欧洲消费市场更具潜力、政策环境更具可预见性、合作机遇更稳定。欧洲为中国企业提供了很多并购机会，中国正经历产业结构调整和经济转型升级的时期，中国企业需要加强技术研发、品牌建设、拓展销售渠道。欧洲成为中国企业海外并购的首选目的地。

3. 中 亚

岳侠、钱晓萍（2015）发现，哈萨克斯坦因其良好的经济政策在中亚五国中领先。薄弱的经济基础，低下的行政效率，较差的法制环境使得其他四国的排名靠后（见表6.8）。随着中亚各国不断出台更合理的政策法规，较大地改善国内投资环境，进步较快。例如在2013—2014年度中，塔吉克斯坦大力改革开办企业、施工许可、取得信贷和税收四个方面，成为改善营商环境进步最大的国家。

表6.8 2013—2015年中国与中亚四国营商便利度排名比较

年份	中国	哈萨克斯坦	乌兹别克斯坦	吉尔吉斯斯坦	塔吉克斯坦
2013	91	49	154	70	141
2014	96	50	146	68	143
2015	90	77	141	102	166

数据来源：世界银行发布的2013—2015年度《全球营商环境报告》。

中亚地区的自然资源十分丰富，但开发不足。哈萨克斯坦和乌兹别克斯坦有着巨大的天然气储量，塔吉克斯坦、吉尔吉斯斯坦的人均水资源拥有量居世界前列。此外，哈萨克斯坦工人的个人素质在五国中最高，平均薪资也最高。乌兹别克斯坦的企业为员工缴纳社保的费用约为员工工资的40%，而土库曼斯坦的员工的社保费用约为工资的20%。

4．南　亚

南亚包含超过世界五分之一的人口，是世界上人口最密集的地域，也是全球最贫穷的地区之一。中国是南亚国家主要的贸易伙伴和外资来源国，已成为孟加拉国、印度、巴基斯坦、斯里兰卡和阿富汗最大的贸易伙伴。纺织服务业是孟加拉的支柱产业。农业是印度的经济命脉，而今食品农业成为海外并购新热点，可顺势加强对印度农业的投资。阿富汗拥有丰富的、基本未开发的矿藏资源。阿富汗的农牧业缺少现代化农业技术的支持，尚不能自给自足，每年靠国际援助、进口粮食解决吃饭问题。尼泊尔对进口颇为依赖，生活必需品、生产资料等方面主要依靠进口[①]。

---

① http://baike.baidu.com/item/南亚/7416349?fromtitle=南亚%28elixir%29&fromid=10684986.

5. 东南亚（东盟）

曹标（2016）指出，东盟位于"海上丝绸之路"的节点位置。东盟地区不仅有着丰富且低廉的劳动力资源，且矿产资源丰富，但电力设施很不完善，经常缺电。因而东盟是我国在"一带一路"沿线直接投资最多的地区。

从基本需求、经济效率、创新发展3个方面介绍了东盟国家2014年整体的发展状况，并综合三者得出了各国的全球竞争力指数和排名（见表6.9）。

表 6.9 东盟国家发展现状

		缅甸	柬埔寨	泰国	马来西亚	新加坡	印度尼西亚	越南	老挝	菲律宾	文莱
基本需求	得分	3.36	4.09	5.01	5.53	6.34	4.91	4.44	4.13	4.63	5.64
	排名	132	103	40	23	1	46	79	98	66	18
经济效率	得分	3.11	3.65	4.53	4.95	5.68	4.38	3.99	3.58	4.27	4.09
	排名	134	100	39	24	2	46	74	107	58	65
创新发展	得分	2.62	3.15	3.84	4.95	5.13	4.20	3.35	3.51	3.90	3.81
	排名	139	116	54	17	11	30	98	80	48	54
全球竞争力指数	得分	3.24	3.89	4.66	5.16	5.65	4.57	4.23	3.91	4.40	4.95
	排名	134	95	31	20	2	34	68	93	52	26

数据来源：世界经济论坛（World Economic Forum）官方网站。

由表6.9不难发现，东盟国家在发展程度上良莠不齐，总体来说，新加坡的发展态势最好，缅甸垫底。从基本需求、经济效率、创新发展、全球竞争力指数这几项指标来看，马来西亚、印度尼西亚、文莱在东盟国家中实力相对较强，缅甸、柬埔寨和老挝是东盟最不发达的国家。

三、跨境投资环境评价

（一）投资环境评估方法

已有的投资环境评价研究大多从定性和定量两个角度来展开。自20世纪60年代，国内外学者开启了对外投资环境评价的研究，研究方法总结如表 6.10 所示。

表 6.10 投资环境评价方法

时间	学者、国别	方法
1968 年	伊西阿·利特法克和彼得·班廷（美国）	冷热对比分析法
1969 年	家罗伯特·斯托伯（美国）	等级尺度法
1985 年	施文蒂曼（美国）	道氏评估法
1987 年	闵建蜀（中国）	多因素和关键因素评估法

近年来，学者多通过对投资环境评估指数的综合分析来展开投资环境评价。

例如李宇等（2016）从六个方面建立了投资环境评价体系，分别是交通基础设施建设水平、社会经济发展水平、资源赋存、安全环境、信息化水平、政治环境，然后利用德尔菲法（Delphi Technique）对相应的指标赋予不同的权重，最后打分，得出投资环境排名结果。

（二）构建投资环境评价模型及方法

1. 数据样本与数据来源

根据数据的一致性和可获得性，对"一带一路"沿线涉及的国家和地区进行投资环境评价与比较。数据主要来源于 Transparency International、The Heritage Foundation、世界银行、中国商务部网站、德勤研究、世界经济论坛、中国与全球化智库、走出去智库等。

2. 投资环境评价模型

（1）多指标综合评价模型。

"一带一路"沿线各个国家（用 i 表示第 1，2，…，i 个国家）的投资环境得分为 V_i，计算公式如下：

$$V_i = \sum_{i=1}^{n} W_i S_i \tag{1}$$

式中：W_i——第 i 个投资环境指标的权重；

四、股权投资基金

从投资方式来看，依国外相关研究机构的定义，股权投资基金是指通过私募形式对私有企业，即非上市企业进行的权益性投资，在交易实施过程中附带考虑了将来的退出机制，即通过上市、并购或管理层回购等方式，出售持股获利，主要的贷款对象为民营企业。

对于跨境投资中的收购来说，中国企业的管理层大都缺乏海外运作经验，而股权投资基金由多方面背景、技能和经验的人士组成，因此相对而言他们更熟悉当地的政府监管法律和机制，与监管机构保持着持续的沟通和良好的关系，可以迅速而准确地把握政府政策，甚至能够对政府监管政策的变化做出一定的前瞻性预计，从而大大降低企业的信息成本及代理成本。

联想收购 IBM 个人电脑业务就是与股权投资基金联合跨境收购成功的。2004 年 12 月 8 日，联想集团在北京宣布收购 IBM 的全球个人电脑业务。接着，联想按照计划于 2005 年 3 月 30 日引入德州太平洋集团（TPG）、泛大西洋集团（GA）和新桥集团（NCL）等三家国际股权投资基金共计 3.5 亿美元的战略投资。2005 年 5 月 18 日，联想按每股发行价 1 000 港元向三家股权投资基金发行了 2 730 000 股非上市 A 类累计可换股优先股。事实上，联想集团是与三家国际股权投资基金对 IBM 的个人电脑业务实施联合收购。主观上，联想也许是因为需要获得外部资金支持来完成收购（收购总代价高达 17.5 亿美元，约合 136.5 亿港元，而联想 2004 财年年末的净资产还不到 45 亿港元）。但是除了货币资本，客观上国际股权投资基金还为新联想提供了多方面的资源，并推动了新联想的国际整合进程。例如，IBM 个人电脑曾大量销售给美国各级政府部门，中国企业的收购引起了美国政府及民间对于国家安全方面的担心，最终在国际股权投资基金的帮助下通过了美国监管部门的审核。再如，三家股权投资基金各派驻一人担任新联想的董事，支持联想中国高管所主张的成本压缩等重大策略，推翻了原 IBM 个人电脑业务高管所坚持的高投入高产出政策。换言之，联想与股权投资基金的合作有效强化了对新公司战略方向的控制,正如联想集团董事长杨元庆所表示的,联想集团从收购 IBM 个人电脑业务后就开始不断引入股权投资基金,加快建立世界级公司治理结构,为联想成为一家真正成功的跨国公司奠定了扎实的基础。此外,客观上来看,与股权投资基金的联合收购在一定程度上帮助联想减轻了财务压力,即便在收购后出现糟糕的情况,也仍然能够坚持现金流不中断,从而为调整赢得时间①。

股权投资基金的作用将在中国日益增多的跨境收购活动中得到更充分的体现。对股权投资基金价值的充分运用,也将有益于中国经济的全球化。2015 年 5 月 20 日,国家发改委表明将在中投公司下面设立海外股权的直接投资公司。海外股权直接投资基金的成立标志着股权投资基金在国际市场和跨境融资中扮演的角色越来越重要,有利于帮助企业在"一带一路"的跨境融资。

五、中国保险投资基金

中国保险投资基金成立于 2015 年 6 月 24 日,其目的是改革商业保险资金运用方式,对接国家重大战略和市场需求。基金采取有限合伙制,规模为 3 000 亿元,主要向保险机构募集,并以股权、债权方式开展直接投资或作为母基金投入国内外各类投资基金,主要投向棚户区改造、城市基础设施、重大水利工程、中西部交通设施等建设以及"一带一路"和国际产能合作重大项目等。

中国保险投资基金是主要由保险机构依法设立,发挥保险行业长期资金优势的战略性、主动性、综合性投资平台。一是作为直接投资基金,满足国家经济战略、混合所有制改革等产生的市场需求。二是作为母基金,对接国内外各类投资基金,特别是有政府参与、投资领域类似的其他投资基金。运作遵循安全性、收益性、流动性原则,坚

---

① 李经宇. 股权投资基金与中国企业的跨境收购. 财务与会计,2012 (5):32-35.

持商业可持续发展，发挥市场在资源配置中的决定性作用，落实国家经济发展战略，扩大重大项目资本金来源和直接融资规模，提升资金运用效率。

中国保险投资基金紧密围绕国家产业政策和发展战略开展投资，主要投向"一带一路"、京津冀协同发展、长江经济带等战略项目，拉动力强、社会经济效益好的棚户区改造，城市基础设施、重大水利工程、中西部交通设施、新型城镇化等基础设施建设，国际产能合作和"走出去"重大项目等。中国保险投资基金和中保投资公司应在协议和章程中明确直接投资基础设施建设的最低比例。在此基础上，中国保险投资基金可投资于战略性新兴产业、现代物流、健康养老、能源资源、信息科技、绿色环保、中小微企业等领域。

该基金投资形式主要包括上市和非上市股权、优先股、债权、资产证券化产品，以及股权基金、并购基金、夹层基金等各类投资基金。

中国保险投资基金的成立将有利于保险业发展和国家经济建设。对保险业来讲，随着保费规模的增加，保险公司资本运转将更为充足，中国保险投资基金的设立为保险机构提供保险金对接国家战略和重大工程建设的机会，比如"一带一路"、京津冀协同发展以及长江经济带建设等，成为保险行业长期资金的综合性投资平台。对国家经济建设来讲，保险行业拥有较强大的保费规模，中国保险投资基金的设立可充分发挥保险资金的资本优势，促进实体经济发展和转型，一方面可对接国家经济战略、混改等市场需求，另一方面可通过投资为实体经济提供股权投资以及引导长期资金支持成长前景较好的行业和领域。

第五节　跨境融资

大批企业对跨境融资趋之若鹜，最主要的原因就是境内外资金价格的差异。跨境融资的主要客户有三类：

第一，具有跨境结算或跨境投资融资等需求的境内外向型企业。

第二，在海外或离岸设立境外平台，以实现对外集中采购、销售和跨境投资融资"走出去"企业或者集团。

第三，在商业银行开立离岸账户或境外机构境内结算账户的境外企业。

在金融全球化的大背景下，中国企业直接参与全球供应链分工合作的程度日益加深，境内"走出去"和境外"走进来"的跨境金融服务需求不断增加，呈现出复杂化、多元化和综合化的特点：从以往单纯的结算、融资等基础性金融业务向信用支持、避险理财和现金管理等更高端和结构复杂化的产品需求过渡；由单笔交易或某些产品，转向侧重于为企业提供整套"一揽子"金融服务方案和全流程的服务支持；从个体企业的金融需求，扩展到以跨国供应链为主体的金融服务需求。因此，如何有效、合理地利用跨境融资帮助企业发展，是中国企业需要认真思考的问题。

一、贸易融资

贸易融资是指与进出口贸易结算相关的短期融资或信用便利。它主要包括打包贷款、承兑汇票、出口押汇、进口押汇、保理业务等。贸易融资的关键就是银行依托对物流、资金流的控制，或对有实力关联方的责任和信誉捆绑，在有效控制授信资金风险的前提下进行的授信。

贸易融资业务注重贸易背景的真实性和贸易的连续性，信用记录、交易对手、客户违约成本、金融工具的组合应用、银行的贷后管理和操作手续等情况的审查。贸易过程所产生的销售收入构成贸易融资业务的主要还款来源。融资额度核定由贸易额扣除自有资金比例确定，期限严格与贸易周期匹配，资金不会被挪用，风险控制手段包括注重贸易合同的审查，并调查上下游企业，重点审查短期偿债能力，加强对单据的控制、对现金流的封闭管理。贸易融资业务可以根据企业的具体情况量身定做，易于创新，技术含量相对较高，在竞争中可以突出银行的竞争优势①。

二、海外上市

海外上市，也称境外上市，是指一国股份有限公司向外国投资人发行股票，在海外公开的证券交易场所流通转让。

（一）海外直接上市

海外直接上市，亦被称作首次公开发行上市（IPO），是国内公司向国外证券主管部门申请发行股票（或其他衍生金融工具），由投资银行安排向当地证券交易所申请挂牌上市交易的一种融资方式，如N股、S股、H股等。这是企业海外上市所采用的最传统的方法。首次公开发行上市的工作主要包括国内重组、审批和境外申请上市。

IPO的优点在于可以在发行的同时融资，且公司股价能达到尽可能高的价格。在股票公开发行时的推介，使公司可以获得较大的声誉，有助于企业形象的宣传并扩大股票发行的范围。因此从公司长远的发展来看，企业境外直接上市是海外上市的一种主要方式。但由于IPO风险极大，境内、境外监管机构的申请程序复杂，所需时间长且费用高，同时IPO对市场行情与上市时机要求比较高，容易受市场波动的影响。若遇到上市时市场低迷，上市过程还可能会被推迟或彻底取消。在公司承担海外上市的高额费用的情况下，IPO尚不能保证发行成功，缺乏良好的灵活度和退出机制。若公司上市失败，大量先期资金投入将无法收回，而由于法律禁止投资银行以企业股票换取部分服务费用，这也提高了公司对海外上市资金的限制。因而IPO一般多被规模比较大、资产比较雄厚的公司所采用。2006年中国工商银行在中国内地和

---

① 邱亦军．贸易融资和融资租赁——解决中小企业贷款难的新渠道．淮南师范学院学报，2006（8）：46-47．

香港地区实现了"A+H"同步上市,创造了世界 IPO 历史上最大融资规模的纪录。

(二)海外间接上市

1. 买壳上市

买壳上市是指国内企业通过收购已在境外上市或拟上市的壳公司的一定比例的股权,购入后以现有境外上市公司作为外壳取得上市地位,并通过注入公司现有的经营业务及资产,实现公司在海外市场进行挂牌交易的兼并方式。

买壳上市通常要经过两个步骤。首先是买壳,即收购或受让股权。收购股权有两种方式,一是收购未上市流通的国有股或法人股,这种收购方式的成本较低,但是困难较大,要同时得到股权的原持有人和主管部门的同意,因而多采取场外收购或称非流通股协议转让的方式。另外,证券公司和投资公司涉足买壳上市的现象日益增多。另一种方式是在二级市场上直接购买上市公司的股票,这种方式在西方较流行,但是由于中国的特殊国情,这种方式只适合于流通股占总股本比例较高的公司或者"三无公司"("三无"在这里所指即无国家股、无法人股、无外资股)。二级市场的收购成本太高,除非有一套详细的操作计划,能从二级市场上取得足够的投资收益,来抵消收购成本。

其次是换壳,即资产置换。将壳公司原有的不良资产剥离出来,卖给关联公司,再将优质资产注入壳公司,提高壳公司的业绩,从而达到配股资格,实现融资目的。最后的价款支付目前有六种方式,包括现金支付、资产置换支付、债权支付方式、混合支付方式、零成本收购、股权支付方式。前三种是主要支付方式。但是现金支付对于买壳公司实在是一笔较大的负担,很难一下子拿出数千万元甚至数亿元现金。所以,目前倾向于采用资产置换支付和债权支付方式或者加上少量现金的混合支付方式。

2. 造壳上市

造壳上市，即由国内企业在海外证券交易所所在地或允许的国家与地区，独资或合资重新注册一家该公司的控股公司，进而以该控股公司的名义提交股票发行申请，以实现企业海外上市境外融资决策目标的筹资方式。

在海外造壳上市的基本做法是：国内企业独自或与他人合作在拟上市地注册一家控股公司，然后以该控股公司的名义购买国内企业的控股权，同时在境内成立相应的外商控股公司，通过股权置换、资产收购或合资的方式将相应比例的权益及利润并入境外公司，并选择某一地证券交易所上市。如新浪、搜狐、网易等传媒行业企业多采取此种方式。相对于 IPO 而言，造壳上市可以避开复杂的审批程序和较高的上市要求，同时又具有较强的持续融资能力。同时造壳上市也避免了买壳上市中壳资源的选择风险。除了规避政策监控外，由于造壳上市的拟上市地多为百慕大群岛、英属维尔京群岛、开曼群岛、荷属安德烈群岛等国际避税地，可以享受避税港政策，从而实现合理避税，进一步减小企业的资金压力。同时由于控股公司所遵循的英美法系相关法律，使得其更易被国际投资者所认可，因而拥有更广泛的筹资来源。由于造壳上市一般要求大股东必须取得境外身份，因此考虑到所有制的问题，国有企业一般不采用这种方式。而对于中小企业而言，由于其手续便捷、风险成本低、更加灵活的特点，海外造壳上市已成为其海外上市，尤其是香港上市筹集资金的首选途径。

3. 私募方式

同上一节所讲的私募基金一样，私募方式也是股权融资的一种方式，在募集对象上，私募基金的对象只是少数特定的投资者，圈子虽小门槛却不低。信息披露要求相对于其他海外上市方式低，政府监管也较为宽松。且私募发行的证券无须向证券监管机构进行证券发行申报和证券注册登记，通常只需在发行后备案即可。因此私募更具隐蔽性，运作也更为灵活，相应获得高收益高回报的机会也更大。事实上，私募往往是指已经形成一定规模的,并产生稳定现金流的成熟企业的私募股权投资部分,主要是创业投资后期的私募股权投资部分。

私募是企业在公开市场进行融资前的准备阶段,即当公司的盈利模式经过市场的考验,开始考虑私募,较迅速地从资本市场获得一定量的资金,并为公司今后选择公开融资的发展要求铺路。由于我国快速发展的中小企业一直是海外风险投资的关注对象,因此私募方式更为可行[①]。

三、跨境债权融资

(一)国外银行贷款

国外银行贷款是指为某一项目筹集资金,借款人在国际金融市场上向国外银行贷款的一种模式,这是跨境融资债权融资中最主要的一种融资方式。国外商业银行与国内贷款银行的区别主要在以下几点:第一,国外商业银行是非限制性贷款。第二,国外商业银行按国际金融市场平均利率计算利率,使得利率较高。第三,国外商业银行贷款很看重贷款人的信誉。

综上几点,国外银行借款融资方式只适用于国家支持的国有企业和大型民营企业的跨境融资。

(二)国际债券

国际债券即发行国外债券,是指一国政府及其所属机构、企业、私人公司、银行或国际金融机构等在国际债券市场上以外国货币面值发行的债券。国际债券主要分为欧洲债券和外国债券两种。

国外债券又称外国债券,是指外国借款人(政府、私人公司或国际金融机构)在某个国家的债券市场上发行的以这一国家货币为面值货币的债券。外国债券以当地国货币计值。例如,扬基债券是非美国

---

① 张倩. 中小企业海外融资研究. 成都:西南财经大学,2010.

主体在美国市场上发行的债券,武士债券是非日本主体在日本市场上发行的债券,同样还有英国的猛犬债券、西班牙的斗牛士债券、荷兰的伦勃朗债券,都是非本国主体在该国发行的债券。1982年1月中国国际信托投资公司在日本东京发行了100亿日元债券,就属于以外国债券的形式在海外融资[①]。

受各国金融管理的法规约束,中国企业在海外发行债券融资还是比较少的。但是随着中国企业的逐步发展壮大,将来通过在国外发行债券进行融资也将成为海外融资的主要形式。

(三)内保外贷

内保外贷是指由企业内部的总公司给银行担保,银行在外部给企业解决贷款问题。

以"内保外贷"方式进行融资。张园园等(2011)在研究中认为"内保外贷"主要有三种形式:一是境内银行直接向香港银行出具保函;二是境内银行向香港银行开具备用信用证;三是境内企业对香港企业提供担保。随着跨境人民币业务的快速发展,目前第三种形式越来越普遍。具体的操作方式为:境内企业将一笔人民币资金以定期存款方式抵押给内地银行,内地银行以此金额向海外开出一张人民币备用信用证(或保函),在担保额度内,担保海外的公司向境外银行融资,无须逐笔审批,和一般的融资型担保相比,大大缩短了业务流程[②]。

(四)可转化债券

可转化债券是公司发行的一种债券,它规定债券持有人在债券条款规定的未来某一时间内可以将这些债券转换成发行公司一定数量的普通股股票。可转化债券是一种信用债券,不需要用特定的抵押去支持可转化债券的发行。发行公司用其信誉担保支付其债务,并以契约

---

① 周志远,赵小康.中国企业海外融资的方式与现状.中国商界(下半月),2008(7):22-23.
② 张园园,宋焱,张宜.境内企业境外融资问题研究与建议.现代营销(学院版),2011.

的形式作为负债凭证。

可转化债券在海外融资具有许多有利条件：一是便于国内企业低成本地在海外债券市场筹措资金，既降低融资成本，又增加财务控制机会；二是可转化债券具有股票的某些性质，为外国投资者投资我国证券市场提供回避风险的方法，受到国外投资者的欢迎。

第六节 "一带一路"及资本时代背景下公司跨境投资的融资建议

在全球经济复苏不均衡、中国经济发展进入"新常态"的背景下，中国企业境外并购、项目投资步伐加快，跨境融资规模不断加大。结合企业跨境融资的工作实际，对企业的跨境投资的融资提出一些策略与建议。

一、非国有企业

我国在海外间接上市的企业数量已达到相当大的规模，据不完全统计，在纳斯达克、我国香港特区、新加坡三大证券市场中，以境内资产作为其核心资产的上市公司已有将近 200 家，这些上市公司中既有新浪、搜狐、网易、裕兴电脑、等高科技 IT 企业，又有恒安国际、蒙牛乳业、华晨汽车、光宇国际等一大批从事传统制造业甚至农业开发的企业。因此，非国有企业更偏好于股权融资。

众多非国有企业都选择海外间接上市模式，王靖国（2004）认为是因为相对于其他跨境融资方式而言，具有以下优势：

（1）规避国内严格的资本与外汇管制，实现国际资本的双向流动。境内民营企业家可以不必经过海外投资融资登记和审批手续，即可控制一家海外上市公司，从而达到融资的目的。

（2）通过收购、注资、换股的海外直接上市方式，境内企业股权为海外公司所控制，享受完全的外商投资企业优惠待遇，同时可按照壳公司注册地法律简便地办理有关股权的转让、抵押、增资等资本运作，达到融资的目的，避免依照境内《中华人民共和国公司法》和外商投资企业法的规定履行关于资本变动的烦琐程序。

（3）海外上市筹集资金不必比照 H 股募集资金的强制调回境内，而是依据上市地法律，由上市公司董事会决定所募集资金的投放方向和运作模式，从而为海外开展投资和资本运作活动创造了条件①。

二、国有企业

为了实现"一带一路"的战略发展，在国际投资市场上占据更大的份额，尽快突破融资瓶颈，实现跨越式发展，我国国有企业在积极探索新的途径、扩大跨境融资渠道。债权融资是目前我国国有企业跨境融资中较为普遍的一种融资方式。

（一）政府优惠贷款

通过外国政府优惠贷款来购置工程项目所需的大型设备。刘卫光（2003）指出外国政府贷款是受财政部委托，由中国进出口银行转贷的外国政府向我国国有企业提供的优惠贷款和混合贷款。混合贷款是由外国政府提供的优惠贷款与外国银行提供的商业贷款混合组成的贷款，例如跨境电商企业设海外仓库的银行贷款可获政府的贴息支持②。

最近国家发改委、中国央行、国家外汇管理局这三家监管中企在国际市场上投融资活动的机构均采取措施，为企业海外进一步打开融资大门，其中包括选择 21 家企业开展外债规模管理改革试点。试点企业在年度外债规模内，可自主选择发行窗口分期分批发行，不再进行事前登记。国家发改委公布的 21 家试点企业名单中，有些 2016 年已经在海外筹得贷款，以支持海外并购交易国家。发改委还放松了对管

---

① 王靖国. 企业海外融资途径选择. 信息空间，2004（4）.
② 刘卫光. 积极适应外向型经济发展的形势全力推动企业实施"走出去"战略. 西安金融，2003（8）：13-14.

控境外投资的规定，预计将使中资企业在全球并购领域释放的热情进一步升温，并催生更多债务融资活动。

数据显示，中资企业的海外并购交易2016年1月至2016年6月共计1 040亿美元，接近2015年全年总额。由此可见，中国正逐步放松海外贷款的规定，给中国企业跨境融资提供更广阔的空间。

（二）贸易融资

贸易融资是为一个特定的经济实体安排的融资，其贷款人在最初考虑安排贷款时，满足于使用该经济实体的现金流量和收益作为偿还贷款的资金来源，并且满足于使用该经济实体的资产作为贷款的安全保障。因此，贸易融资用来保证贷款偿还的首要来源被限制在项目本身的经济收益——项目未来的现金流量和项目本身的资产价值，而不像传统的融资方式那样，依赖项目发起人或投资人自身的资信，即贸易融资的还款来自于未来的项目收益。

（三）融资租赁

融资租赁即通过与国内外的租赁公司、信托公司等金融机构合作，筹集资金，用来购置工程项目所需的大型设备，是处于制造行业的国有企业普遍使用的跨境融资渠道。境外融资需求（包括大型设备的融资租赁需求）越来越受到人们的关注。

最近，有关部门相继推出了一些涉及融资租赁的外汇新政。新实施的《国家外汇管理局关于进一步改进和调整资本项目外汇管理政策的通知》，对包括对外债权、境外投资者受让境内不良资产、境内企业境外放款和利润汇出、个人财产转移等七个方面的资本项目外汇管理进行了简化和调整，其中第一条就是简化融资租赁类公司对外债权的外汇管理。而最新的《跨境担保外汇管理规定（征求意见稿）》中，则针对跨境担保作了三大调整：以登记为主要管理手段，取消了所有事前审批；合理界定跨境担保的外汇管理范围和监管责任边界；大幅度缩小跨境担保的数量控制范围。

这些调整的新政策为融资租赁业务的发展提供了新的机遇,具体表现在以下方面:一是对于融资租赁类公司开展对外融资租赁业务实行事后登记,由所在地外汇局办理,取消了事前审批的限制;二是融资租赁类公司可直接到所在地银行开立境外放款专用账户,用于保留对外融资租赁的租金收入,账户内外汇收入结汇可直接经银行审核后办理,大大便利了跨境融资租赁业务的开展;三是融资租赁类公司开展对外融资租赁业务,不受现行境内企业境外放款额度限制,跨境融资租赁规模可望得到快速的扩张①。因此,这也使得大型国有企业更倾向于通过跨境融资租赁筹集资金。

---

① 经绍阳. 跨境融资租赁的机会来了. 中国外汇,2014(10):42-44.

第八章 "一带一路"跨境投资案例分析

"一带一路"建设的推进,无疑为中国企业海外投资、开拓国际市场提供了重要的发展方向,极大地促进了中国企业充分发挥自身的优势。自"一带一路"倡议提出以来,我国企业对于"一带一路"的投资表现出了高度的热情,投资总金额和投资增长率一直呈现出积极上涨的趋势。从行业来看,张丽平、蓝庆新(2016)提出,目前我国投资的行业领域主要集中在能源产业、商贸产业和基础设施产业,对合作国家的经济发展都做出了卓越的贡献。从投资企业的类型来看,目前我国的"一带一路"跨境投资企业,仍以国有企业为主导,主要进行资源和产能投资合作[①]。

"一带一路"给更多的企业提供了走向海外、开拓国际市场的机会。有的企业能一跃而上,借助"一带一路",走向国际舞台,成为全球同行业的佼佼者;但有的企业却只能铩羽而归。本章选取中国中车、福耀集团和中兴通讯三个目前在"一带一路"跨境投资中成果表现不错的案例进行分析,希望能为更多的中国企业"走出去"、走向国际舞台,提供些许借鉴。

第一节 "一带一路"成功案例——中国中车

一、中国中车公司简介

据中国中车官网介绍,中国中车股份有限公司(中文简称"中国中车",英文缩写"CRRC")是由中国北车股份有限公司、中国南

---

① 张丽平,蓝庆新. 以资本运作推动"一带一路"的互联互通建设. 南开学报(哲学社会科学版),2016(1):71-76.

车股份有限公司按照对等原则合并组建的 A+H 股上市公司,是全球规模最大、品种最全、技术领先的轨道交通装备供应商。现有 46 家全资及控股子公司,员工 17 万余人,总部设在北京。

中国中车以高速动车组、大功率机车、铁路货车、城市轨道车辆为代表的系列产品,已经全面达到世界先进水平。中国中车融合全球,大力实施国际化、多元化、协同化发展战略,紧紧抓住"一带一路"和全球轨道交通装备产业大发展等战略机遇,全面推进以"转型升级、跨国经营"为主要特征的全球化战略,将建设成为以轨道交通装备为核心,跨国经营、全球领先的高端装备系统解决方案供应商。

二、中国中车跨境投资动机

中国中车进行跨境投资的动机主要是国内需求趋缓、海外需求旺盛,为了提高中国中车的市场容量。此外,中国中车作为国企,提高中国的国际影响力也是其进行跨境投资的一部分因素。

(一)国内需求趋缓

就国内市场看,2015 年,作为中国中车国内最大客户的中国铁路总公司,在车辆上的投资虽然以 1 400 亿元保持了往年水平,但市场已渐趋饱和。从货车板块来看,全国 10 余家企业年产能约为 10 万辆,但 2015 年中国铁路总公司下达的订单仅有 5 000 余辆。从动车组板块来看,虽然目前订单较为充盈,但是随着中国"四纵四横"高速铁路网战略的带动,中国正处于动车需求高峰,而这种高峰预计只有 1 至 2 年的持续时间。在 1 至 2 年之后,动车组板块的需求可能会跌入低谷。市场份额的缩小,将使中国中车全产业链巨大的产能将无处消化,拓展国际市场是中国中车当前唯一的出路。

(二)海外需求旺盛

根据德国的 SCI 公司的统计,目前全球铁路市场容量 1 620 亿欧元,未来有望以每年 3.4%的速度增长,预计 2018 年增长至 1 900 亿欧元,而当前中国中车铁路市场容量仅占全球铁路市场容量的15%左右,相较于国内市场的饱和,海外市场拓展空间巨大。

(三)提高中国的国际影响力

动车项目作为大型投资项目,来自各个国家的企业都参与到这些项目的竞争中。在这些项目中取胜,将会极大地提高我国的国际影响力。

三、"一带一路"中国中车欧美跨境投资

在中国中车的"国际化"战略中,中国中车首先紧抓欧美市场。在欧美等发达国家的各项招标中,中国中车与来自全球的同行展开激烈的市场竞争,从2015年至今,中国中车的产品以先进的核心技术赢得了发达国家市场的认可。中国中车在欧美的主要成就如表8.1所示。

表8.1 中国中车2015—2016年欧美大事件

时间	地点	项目内容
2015年1月	美国	美国马萨诸塞州海湾交通管理局(MBTA)签订出口美国波士顿红橙线地铁项目合同,总金额41.18亿元,这是中国轨道交通装备企业在美国面向全球的招标中首次胜出并登陆美国市场[①]
2015年3月	土耳其	获得土耳其伊兹密尔市85辆轻轨车辆中标通知书
2015年7月	马来西亚	中国铁路装备行业第一个海外制造基地,位于马来西亚的"东盟(东南亚国家协会)制造中心"正式投产
2015年9月	美国	中国中车美国马萨诸塞州制造基地奠基仪式,中国中车首次在美国建立轨道交通研发制造基地,并招募和培训美国工人,为美国市场"本土化"生产轨道车辆

---

① 网易新闻.英媒:中国中车赢得13亿美元合同走进美国芝加哥.[2016-03-10]. http://news.163.com/16/0310/22/BHR2GVJ800014AEE.html.

续表

时间	地点	项目内容
2015年11月	马其顿	中国中车出口欧洲的首列动车组列车从马其顿首都斯科普里出发,顺利抵达东部城市韦拉斯,完成在欧洲的首次试跑
2016年3月	美国	中标芝加哥7000系地铁车辆采购项目,该项目标的数量为846辆列车,标的金额为13.09亿美元。这一订单是芝加哥运输管理局历史上最大规模地铁客车采购订单,相当于该市客车总量的一半。同时,这也是迄今为止中国轨道交通装备企业向发达国家出口的最大地铁车辆项目

四、中国中车印度跨境投资

(一)印度投资的机遇与挑战

印度是南亚的核心大国,居于次大陆中心地位,其特殊的地理位置造就了南亚特有的地缘政治格局,作为中国西南边疆最重要的邻国之一,印度对丝路战略有着重要意义。

中国中车作为交通行业领导者,近年来,尤其是中国南车与中国北车合并为后,海外战略意图明显,而且开始在海外项目中"叫板"发达国家的知名公司,这些竞争对手包括韩国现代、日本三菱、德国西门子等。在"一带一路"中,中国中车也将注意力投向了发展中国家,并以印度为代表。作为"金砖国家"的印度拥有世界上第二大的人口市场,是一个极具潜力的发展中国家。交通设施的不完善也成为限制印度快速发展的因素,加快城市地铁建设对于印度而言迫在眉睫。印度于2015年公布了一项22个城市兴建地铁项目的计划,该计划总耗资约330亿美元。

2015年6月,南京浦镇制造的列车在孟买地铁一号线全面投入运营。

2015年6月,中国中车旗下大连机车公司获得印度加尔各答南北线14列112节地铁车辆合同。

2016年的诺伊达项目中,由于诺伊达是印度的名胜地区,有完善的娱乐和休闲设施,修建诺伊达地铁成为各个国际企业争夺的目标。有来自全球的3家国际性大公司参与竞标,但最终中车浦镇公司,基于之前在孟买地铁一号线的合作的成功,以其完善的技术、优良的品质和优质的服务一举夺魁。2016年3月,中国中车与德里地铁公司签订诺伊达地区地铁线车辆采购合同,此次签订的订单共19列车76辆。列车采用不锈钢车体,两动两拖4节编组,整列载客1 034人。诺伊达地铁线路全长29千米,预计2017年7月开始交付,2018年4月交付完毕。合同总额达1.09亿美元,约合人民币7.25亿元。

(二)中车先锋(印度)正式投产

2014年,中国中车公司联合印度先锋公司设立了中车先锋(印度)电气有限公司,总投资6 340万美元,其中中车永济电机公司持股51%,印度先锋公司持股49%。新成立的中车先锋(印度)电气公司主要经营生产和维修铁路电机,同时为石油钻井、风力发电、矿山装备提供整套电传动系统。

工厂选址于印度新德里和孟买之间的哈里亚纳邦巴沃工业园区,是中国中车在南亚建立的首个铁路工厂,也是印度莫迪政府提出"印度制造"计划之后首家在印度本土投资兴建的轨道交通装备电气牵引设备制造企业。在2016年中旬,中车先锋(印度)公司招聘的17名印度当地员工已经来到中车永济电机总部接受技术培训。同年2016年8月20日,经过两年多的厂房建设后,中车先锋(印度)电气有限公司正式投产[①]。

五、中车先锋(印度)正式投产的意义

自2007年中国中车进入印度市场,迄今为止已经为印度市场提供了各种铁路车辆和部件。截止到2016年,中国中车在印度先后取得了接近300辆地铁列车订单,中国中车制造的地铁运行在德里、孟买、

---

① 新浪财经. 中车海外布局进入南亚 在印度首家工厂正式投产. [2016-08-21]. http://finance.sina.com.cn/chanjing/gsnews.

加尔各答等城市。中车先锋的正式投产对于中国中车在印度的发展具有划时代的意义。它标志着中国中车在印度从电机制造工厂，到转向架、车体、牵引系统等核心部件和整机工厂的转变。从此之后，中国中车在印度的出口模式也将从单一的产品输出转变为技术、资本、服务等综合的输出模式。

第二节 "一带一路"成功案例——福耀集团

一、福耀集团公司简介

福耀集团，全称福耀集团工业集团股份有限公司，于1987年在福州注册成立，是一家专门从事汽车安全玻璃与工业技术玻璃的研发、生产与销售的中外合资企业。1993年，福耀集团股票在上海证券交易所挂牌，成为中国同行业首家上市公司。从1987年的成立开始，福耀集团一直注重产品的研发，现在已经拥有国际领先的研发中心和完善的产品线，能够大批量生产具有国际竞争力的高品质的产品。福耀产品被中国质量协会评选为"全国用户满意产品"，产品"FY"商标是中国汽车玻璃行业迄今为止唯一的"中国驰名商标"，是中国最主要的汽车玻璃生产供应商之一，市场占有率达70%以上。福耀集团不仅是国内同行业的龙头老大，还是全球同行业的佼佼者。在2016年，福耀集团已位居全球同行业第一，成为中国企业发展海外市场、跨境投资"走出去"的代表。在全世界的汽车行业中，每四辆就有一辆使用的是福耀集团生产的配件。汽车玻璃的利润不高，福耀集团同行中具有全球招标资格的有5家企业，5家企业加起来的利润不及福耀集团。2016年3月，福耀集团在美国俄亥俄州为当地制造业做出了重要的贡献，美国俄亥俄州州长、共和党总统候选人约翰·卡西奇在福耀集团美国工厂内进行竞选演说，作为2016总统竞选的筹码[①]。

---

① 福耀集团官网. http://www.fuyaogroup.com.

二、福耀集团"一带一路"跨境投资动机

福耀集团在 20 世纪末,就选择了走国际化的发展道路。但福耀集团的国际化道路一直充满着各种险阻与挑战。早年,福耀集团在进军北美市场时,选择与拥有悠久历史、在汽车玻璃行业位居全球三强的法国企业圣戈班合作。双方于 1996 年年初签约,由圣戈班投资 1 530 万美元,福耀投资 1 470 万美元,合资成立万达汽车玻璃有限公司,主要经营汽车安全玻璃的制造与销售,服务于出口维修市场。虽然 1999 年双方合作失败,但这次合作促使福耀在运营、管理、技术、理念上开始和国际接轨,由此从单一的汽车玻璃生产企业转而成为具有汽车玻璃设计能力的企业,而这样的转变也为福耀集团之后的国际化道路奠定了基础。

我国政府从 2013 年明确提出"一带一路"倡议,旨在促进中国与周边国家的友好合作,促进双方的经济发展。"一带一路"倡议的提出,为企业实施国际化战略,提供了利好的宏观环境。而对于此时的福耀集团而言,加快集团的国际化战略,在海外进行投资,实施海外竞争战略,也已经迫在眉睫。

(一)国内市场增长空间受限

根据福耀集团 2014 年发布的财报显示:福耀集团在中国市场份额已超过 60%,国内 OEM 市场份额高达 70%,客户几乎覆盖国内所有主流乘用车、商用车制造商。由于中国汽车市场增速放缓,福耀集团在中国的业务扩张空间严重受限,因为它的体量已然触及"天花板"。在国际化并购计划前,福耀集团只在美国拥有一家销售子公司,海外市场占有率不足 5%,其中 OEM 市场占比只有 3%左右。相比占有绝对主导地位的中国市场,福耀集团在全球其他地区的市场占有率并不高。为了改变现状,获得更大的市场空间,国际化成了唯一的战略途径。根据相关数据显示,目前海外玻璃市场规模约为 700 亿元,走向海外将为福耀集团开辟一片新天地打开一扇新的大门。

(二)客户的全球化

陈艺星(2015)提出,大众汽车企业集团是福耀集团的重要客户[①]。在大众汽车企业集团迈向国际化的过程中,也希望其配套厂商能够就近建设厂址。福耀集团只有与其重要供应商同步进行全球拓展,才能保持其优势竞争地位。日本旭硝子株式会社,作为福耀集团的第一大竞争对手,很早就开始实施它的国际化战略。在2006年它购买了英国皮尔金顿后,其汽车玻璃业务核心区域已转至欧洲,在日本本土的销售比例不足50%。而这个国际化战略极大地增加了旭硝子株式会社的市场份额,使其迅速成长为世界四大玻璃制造公司之一。

(三)国内人力成本增加

20世纪初,福耀集团与海外同行相比,人力成本较低是其主要优势之一。根据当时的实际国情,我国人口众多,因此劳动力非常充足,人力成本低,仅占总成本5%左右。但福耀集团有着较强竞争力的同行,主要分布在发达国家。据不完全统计,海外竞争者付出的人力成本占总成本的15%~20%。单就人力成本这一点,"福耀集团"已胜出海外绝大多数的同行。

随着中国经济的发展,近年来中国工厂的人工、物流、材料等成本近年来连年上升,国内生产成本优势不断被削弱。邱灿(2013)研究发现,2013年上半年,福耀集团的成本费用率达80.89%。公开资料显示,尽管福耀通过提升效率、控制采购成本、研发运用新技术等来控制成本,但事实上,福耀集团上半年增幅最大的仍是管理费用,达5.74亿元,相比上一年同期增长27.77%,其中职工薪酬同比增长39%。据统计,近2009年到2013年,福耀集团的人工费用增幅远远超过了收入增长的速度。制造业曾经的成本优势不断被削弱,通过中国运输到美国等其他市场的运输费用和包装费用逐步升高。而这些,都加快了福耀集团"走出去"的步伐。

---

① 陈艺星.论"福耀玻璃厂"的国际化战略.湖北科技学院学报,2015,35(10):25-27.

三、"一带一路"福耀集团俄罗斯跨境投资

福耀集团在俄罗斯跨境投资，得益于 1999 年福耀集团董事长曹德旺应俄罗斯杜马邀请，与人大代表团出行访问俄罗斯的契机。曹德旺推断，俄罗斯如果改革成功，会极大提升对汽车的需求。维修市场作为汽车的附属市场，也存在较大的容量发展空间。对此，福耀集团决定在俄罗斯成立维修市场办事处，将俄罗斯厂商购买福耀玻璃维修市场代理权作为主要的收入来源，事实上这个盈利模式维持了十多年。直到 2010 年后，福耀集团才作为大众最大的供应商，跟随大众到俄罗斯进行投资建厂。

远涉俄罗斯，为福耀集团辐射东欧市场打开了一个窗口。2011 年 6 月，福耀集团对外宣布，拟在俄罗斯卡卢加市大众工业园区成立福耀玻璃俄罗斯有限公司，并投资 2 亿美元在当地建设汽车安全玻璃项目，计划为当地提供 1 000 人的就业机会，项目设计生产能力为 300 万套/年，其产品将销售给伏尔加汽车制造公司、大众公司和其他汽车生产商。2012 年，福耀投资了 4 亿美元在俄罗斯建厂，并于 2013 年 9 月建厂成功，成为中国在俄汽车产业领域最大的投资项目。此外，福耀集团因地制宜,借助当地廉价的劳动力以及丰富的天然气开创了"浮法玻璃"项目。2014 年，福耀集团宣布会在位于俄亥俄州西南部原通用汽车公司一间工厂的旧址新建一个汽车玻璃工厂，成为有史以来中国对俄亥俄州的最大一笔投资。到 2014 年，福耀集团已拥有世界上最先进的"浮法玻璃"生产线。工厂于 2015 年开始投产，为当地创造了 800 多个就业岗位，年产 45 万吨，使公司在俄罗斯当地的知名度得到极大的提升，当然福耀集团借以提高其在全球市场上的占有率。

福耀集团俄罗斯项目，是作为一个中长期的项目来准备筹划的。从 2014 年到 2015 年，由于初期市场处于开拓阶段，福耀玻璃俄罗斯项目的业务量较少，此外还有卢布贬值的原因，导致福耀玻璃俄罗斯项目处于持实亏损状态。但是，福耀玻璃在 2015 年下半年根据俄罗斯的内外环境在策略上进行调整,将俄罗斯工厂作为公司进军欧洲市场的重要基地，随着订单量不断增加，福耀玻璃俄罗斯工厂在 2016 年扭亏为盈。

四、"一带一路"福耀集团美国跨境投资

(一)福耀集团在美国跨境投资的劣势

第一,高昂的人力成本。福耀历史上仅有一次亏损,缘于早期在美国投资建厂的"夭折"。虽然当时美国南卡罗来纳州给予了福耀各项优惠政策,但由于福耀对美国高昂的人力成本估计不足导致了福耀集团最后的失败。

第二,更为激烈的市场竞争。虽然福耀集团的产品在国内占据大量的市场份额,但是在美国市场上,福耀集团不仅面临着更为强劲的本土竞争对手,还面临着来自国际上的强劲的竞争对手。

第三,文化差异。政治、经济、文化作为影响企业投资的宏观环境,对福耀集团在美国的投资的成败也起着不可忽视的影响。

(二)福耀集团在美国跨境投资的优势

2014年,福耀集团收购美国PPG公司美国伊利诺伊州的Mt.Zion工厂,并对福耀美国公司增资2亿美元。2014年7月17日由福耀集团全资子公司福耀集团美国公司与美国PPG公司签订收购协议,其中包括土地、厂房、建筑物、两条浮法玻璃生产线设备、厂内铁路线资产和配套设施等。在资产交接后,福耀美国公司将对其进行升级改造,成为两条年产共30万吨的汽车级优质浮法玻璃生产线,预期产品全面满足福耀美国公司在俄亥俄州汽车玻璃生产项目的原材料需求,进一步完善产业链和发挥协同效应,同时降低成本。福耀集团在美国的优势主要分为四个方面:

第一,高额的政府补贴。2014年美国政府大力推行恢复美国制造业,福耀集团在美国投资建厂的规模为18万平方米,而美国政府的补贴就达4 000万美元,超过了其在美国投资建厂的项目金额。

第二,低价的能源。对制造业而言,能源价格尤为重要,福耀投资团队评估发现,美国能源价格比中国低很多,天然气1立方9美分,

只有中国的五分之一；电价约为中国电价的一半；油价运输也仅为中国的一半。

第三，低税负。比较中国和美国税负，美国政府只征企业所得税，没有流转税等其他税赋，税负压力较小。在美国，企业产生100万元的价值，最后会得到60万元，而同比在中国却只能得到42万元。这也使福耀集团在美国生产玻璃的材料比中国便宜。

第四，避免反倾销诉讼。曾晓燕（2012）提出，在早期的美国市场中，福耀在北美市场不断增长的业务使美国本土企业有威胁感，2002年，商务部应PPG（福耀在北美市场的商业对手）等同行业几家公司的申请，开始对福耀集团进行倾销调查，为此提出反倾销诉讼[1]。虽然福耀集团最终赢得了这场官司，但也为此付出了沉重的代价，三年多的时间里出口大幅下降，并支付了几百万美元的律师费。而福耀集团在美国进行投资建厂，则可以避免反倾销诉讼带来的许多不利影响。

从1996年进军美国到现在，福耀集团在通向美国的道路上已经走了20年。但是，最开始福耀集团的玻璃产品在美国的销售并不成功。玻璃在国内的生产成本为20多美金，运向美国就变成了60多美金，经过经销商在商店卖到100多美金。而在多重流转的过程中，福耀玻璃的市场占有率也在降低。从1996年到1998年，福耀集团处于持续亏损状态，到1998年亏损已多达1 000万美金。在请国外专家进行咨询后，福耀集团改分销为直销，于1999年扭亏为盈，赚了1 000多万美金。2005年，福耀集团在美国建立了全资子公司，全面取代原美国绿榕玻璃工业有限公司在北美的福耀汽车玻璃销售业务。在走向美国的21年历程中，福耀集团经历了失败、重组，到现在每年已经是接近4亿美元的销售额[2]。

---

[1] 曾晓燕. 福耀玻璃反倾销案对我国应对国际贸易摩擦问题的启示. 福州党校学报，2012（1）:37-41.
[2] 《对话》：改变世界的中国生意. [2016-04-17]. http://tv.cntv.cn/vide.

第三节 "一带一路"成功案例——中兴通讯

一、中兴通讯公司简介

中兴通讯(全称中兴通讯股份有限公司)成立于1985年,主要经营半导体材料。经过31年的艰苦奋斗,截止到2016年7月,中兴通讯已经成为中国最大的通信设备上市公司、全球领先的综合通信解决方案提供商。从中兴通讯成立初期的发展来看,中兴通讯始终保持着一种积极开拓的心态,在海外发展方面一直走在同行业的前列,以"国际化战略"为总方针,积极开拓海外市场。中兴通讯从成立之初,就开始决定以海外市场作为重要的目标市场,在1996年就获得了孟加拉国的交换总承包项目,成为中兴通讯走向海外的里程碑。1997年,中兴通讯在深圳证券交易所A股上市;2004年,中兴通讯获得独家为雅典奥运会提供宽带互联网设备支持的机会,并于同年在香港证券交易所上市。截止到目前,中兴通讯已经与全球160多个国家和地区的电信运营商和企业网客户有过合作,为其提供了通讯领域的产品解决方案。

"一带一路"旨在通过沟通沿线国家,积极发展与沿线国家的经济合作,促进双方的经济发展和文化沟通,促进双方的交流沟通(交通、语言、金融)。而中兴通讯作为通讯领域的领导者,在促进沟通方面起着至关重要的作用,其在"一带一路"中的成功案例,其在大交通、跨界电商平台等多个领域积极开展布局,通过建立全球化的研发中心和销售网点,不仅为自身的全球化战略提供了重要的保障,也使其成为中国"一带一路"中走向海外的佼佼者。

二、中兴通讯的全球化

(一)全球化的研发中心

在"一带一路"中,中兴通讯布局的全球化战略包括全球化的创新策略和销售策略。以创新策略为例，中兴通讯在海外创立了全球化的研发中心。这些研发中心包括在美国、法国、瑞典、印度、中国等地设立的 20 个全球研发机构，近 3 万名国内外研发人员，大量的 PCT 专利申请量。其中，PCT 专利申请量 2011、2012 年 PCT 蝉联全球第一，近 5 年均居全球前三。

（二）全球化的销售网点

中兴通讯足迹遍布全球，包括北美、拉丁美洲、欧洲、中东非洲、亚太、独联体等，遍布全球的销售网络为中兴通讯带来了更多的机会和市场，中兴通讯的国外市场也成为中兴销售收入的中流砥柱。

从 2006 年到现在，中兴通讯的国外市场是其营业收入的重要来源之一（见表 8.2、图 8.1、表 8.3、图 8.2）。

表 8.2　中兴通讯 2006—2011 年国内外营业收入

单位：亿元人民币

年份	营业收入	国内营业收入	占比/%	国际营业收入	占比/%
2006	230.32	128.02	55.58	102.3	44.42
2007	347.77	146.87	42.23	200.9	57.77
2008	442.93	174.66	39.43	268.27	60.57
2009	602.73	304.04	50.44	298.69	49.56
2010	702.64	321.98	45.82	321.98	54.18
2011	862.54	394.96	45.79	467.58	54.21
2012	842.2	395.6	46.97	446.6	53.03
2013	752.3	356.3	47.36	396	52.64
2014	814.7	405.8	49.81	408.9	50.19
2015	1 001.90	531.1	53.01	470.8	46.99

第八章 "一带一路"跨境投资案例分析 161

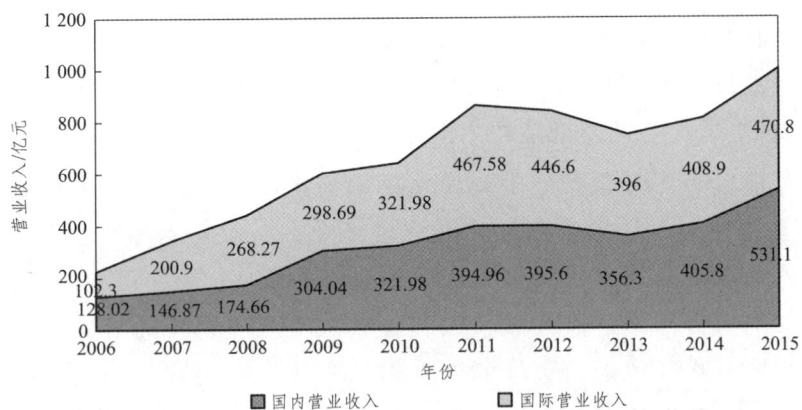

图 8.1 中兴通讯 2006—2011 年营业收入国内外构成图

表 8.3 中兴通讯 2010—2015 年不同区域主营业务收入

单位：亿元人民币

地区	2010	2011	2012	2013	2014	2015
中国	318.507 60	391.644 58	392.691 37	351.928 75	405.835 27	531.084 99
亚洲（除中国）	126.384 28	155.876 70	160.011 39	138.340 04	121.315 76	148.202 85
非洲	106.170 68	106.698 52	782.059 9	586.611 5	617.418 7	697.953 7
欧美及大洋洲	143.888 56	204.445 45	207.800 04	198.557 01	225.819 85	252.780 68
总计	694.951 12	858.665 25	838.708 79	747.486 95	814.712 75	100.186 389

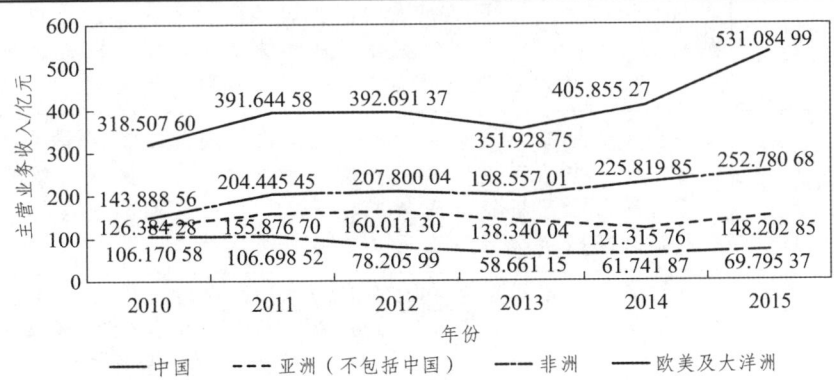

图 8.2 中兴通讯 2010—2015 年不同区域主营业务收入（单位：亿元人民币）

目前，中兴通讯全面服务全球主流运营商及企业网客户，智能终端发货量位居美国前四，被誉为"智慧城市的标杆企业"。从 2006 年到 2015 年，中兴通讯坚持"全球化"的发展战略，海外收入一直占据销售收入的 50%左右。中兴通讯响应国家的"新丝绸之路经济带"和"21 世纪海上丝绸之路"的战略构想号召，加大"一带一路"沿线国家和地区的投入。由图 8.2 分析可知，从 2014 年到 2015 年，中兴通讯在"一带一路"沿线城市的销售收入实现了明显的增加。中兴通讯"一带一路""走出去"的案例中有成功亦有失败。以下选取中兴通讯在巴基斯坦的成功案例进行分析。

三、"一带一路"中兴通讯巴基斯坦跨境投资

（一）2015 年中巴双边经贸合作简况

2011 年是中巴建交 60 周年和"中巴友好年"，从 2011 年到现在，中巴经贸合作一直保持稳步增长（见表 8.4）。

表 8.4 2011—2015 年中巴经贸合作概览

年份	中巴经贸合作概览
2011	贸易逆差进一步扩大，2011 年 1 月至 12 月中巴双边贸易总额为 105.64 亿美元，同比增长 21.9%。承包工程方面，尽管在巴新签合同出现下降，但新签合同额和营业额均实现增长。投资方面，2011 年对巴非金融类直接投资实现较快增长
2012	中巴双边经贸合作受到巴基斯坦国内和国际多重因素冲击。贸易方面，中巴双边贸易保持较快增长，贸易差额有所缩减。承包工程，在巴新签合同额出现下降，但营业额实现增长。投资方面，2012 年对巴非金融类直接投资下降
2013	中巴双边贸易总额为 142.19 亿美元，同比增长 14.51%。承包工程方面，2013 年全年我国企业在巴新签合同额 54.56 亿美元，同比增长 132.4%，营业额 37.01 亿美元，同比增长 33.2%。投资方面，2013 年中方对巴非金融类直接投资金额为 12 023 万美元，同比增长 99.9%

续表

年份	中巴经贸合作概览
2014	中巴双边贸易总额为160.06亿美元,同比增长12.57%。承包工程方面,2014年我国企业在巴新签合同额255 013万美元,同比下降53.3%,营业额42.46亿美元,同比增长14.7%。投资方面,2014年中方对巴非金融类直接投资金额为100 918万美元,同比增长739.4%
2015	中巴双边贸易总额为189.3亿美元,同比增长18.2%。承包工程方面,我国企业在巴新签合同额121.80亿美元,同比增长377.6%,营业额51.63亿美元,同比增长21.6%。投资方面,对巴非金融类直接投资2.10亿美元,同比下降79.2%,截至2015年12月底中方对巴非金融类直接投资存量为39.47亿美元[①]

整理2011年到2015年的中巴经贸数据,发现在这5年间,中巴双边的贸易额呈逐年递增的趋势,中巴双方友好的经济合作呈现良好的发展趋势。"一带一路"提出后,从2014年到2015年,承包项目合同不断递增,越来越多的中国企业在巴基斯坦承包项目。"一带一路"对承包项目合同的促进作用根本上源于"一带一路"对中巴两国的影响。

(二)"一带一路"与巴基斯坦

美国在亚太地区推动"跨太平洋合作伙伴关系协定"谈判(TTP),在欧洲地区推动跨大西洋贸易与投资伙伴协议(TTIP),目的在于从亚欧大陆东西两侧向欧亚大陆内部推进,压缩中国、俄罗斯等大国的发展空间,束缚了中国的经济发展。"一带一路"目的在于突破TTIP和TTP协议的束缚,促进中国的进一步繁荣和沿线国家的发展繁荣,实现双方共赢。中国经济不断发展壮大,中国的资本输出近年来也日益增多,"一带一路"沿线国家大多是发展中国家和新兴经济体,经

---

① 2015年中巴双边经贸合作简况. http://pk.mofcom.gov.cn.

济发展潜力巨大。"一带一路"的建设可以为中国资本输出提供一个大有作为的广阔天地。借助"一带一路"的建设，进一步与"一带一路"沿线的广大发展中国家和新兴经济体发展友好合作关系，开展互联互通，可以提升中国和沿线国家的相互依存水平，为崛起中的中国提供一个稳定的战略依托地带。

巴基斯坦，作为一个经济快速增长的发展中国家，是世界第二十五大经济体。但是与阿富汗、印度人和伊朗等周边国家的长期冲突，严重制约了巴基斯坦保持经济的健康快速发展，成为巴基斯坦发展的一枚定时炸弹。积极参与到中国"一带一路"构想，对巴基斯坦有如下重要作用：第一，可以为巴基斯坦提供一个更加开阔的市场，促进自身的经济发展；第二，更多的经济文化交流可以缓和与周边国家的关系，使地区紧张局势趋于稳定缓和。

基于此，巴基斯坦成为"一带一路"的重要示范国家，扮演着"一带一路"的"样板"与"示范"的角色。

（三）中兴通讯与巴基斯坦

中兴通讯与巴基斯坦的交流合作由来已久。早在 1988 年，中兴通讯就获得了巴基斯坦的总金额为 9 700 万美元的交换总承包项目，成为当时中国通信制造企业在海外获得的最大一个通信"交钥匙"工程项目。在"一带一路"中，中兴通讯是中国在巴基斯坦的主要中资企业。其在巴基斯坦的成功，以其与巴基斯坦的移动运营商 Telenor Pakistan 的合作为代表。

（四）中兴通讯与 Telenor Pakistan

2012 年，中兴通讯和巴基斯坦第二大移动运营商 Telenor Pakistan（TP）签署为期 8 年的多厂商管理服务合同，服务界面包括全网主设备和外配套设备的一线和二线维护、站点安保、加油管理、备件管理、油机大修等。针对 Telenor Pakistan 存在的问题，中兴通讯进行了强化加油计划管理与审核、结合 IT 工具实现精细化管理、优化网络性能管理机制和分包商管理机制、补齐严重影响网络 KPI 的问题短板的方案设计，中兴通讯从流程优化和闭环控制着手，结合 IT 工具应用实现精细化管理，从根本上改变了油料管理的原有模式，有效防止了偷油事件的发生。

经过中兴通讯系统化的管理提升，到 2014 年 8 月，TP 网络 KPI 已连续 10 个月超过目标值，达到 Telenor Pakistan 网络历史最好水平。2014 年，TP 在巴基斯坦运营商 KPI 测评中指标最高，流程优化结合 IT 工具应用，彻底解决了能耗问题。中兴通讯接手网络运维之后，凭借专业化的项目管理能力，结合敏捷快速的服务响应，从多个维度优化运维管理模式，大幅提升了网络性能，超越了 Telenor Pakistan 的预期。而根据 Telenor Pakistan 的官方数据显示，在 2015 年 3 月，巴基斯坦 Telenor 公司市场份额占有为 27.1%，仅次于 Mobilink28.3%的市场份额[①]。

第四节 "一带一路"跨境投资案例启示

"一带一路"总战略的提出，为我国企业的"国际化"道路提供了良好的宏观环境。而中国中车、福耀集团和中兴通讯，都在"一带一路"的背景下，结合自身实际，不断研发具有核心竞争力的产品，在不同地区融入当地文化，拓展自身的海外业务，最终取得了成功。为了扩大市场，寻求更多的机遇，我国很多企业都在"国际化"中进行了大胆地尝试。但是，有的在走向国际化的道路中经历了惨痛的失败，有的企业却能在国外市场开启一片新的天地。即使是较为成功的中国中车，在新加坡的海外投资中，也曾经历过由于多种因素导致的

---

① 中兴通讯官网．http://www.zte.com.cn/china．

产品被退回的惨痛经历。中国中车、福耀集团、中兴通讯在成功走向国际化的道路的实践案例中,主要有以下经验值得中国企业进行跨境投资予以借鉴。

第一,要具有核心竞争力的产品。纵观三个案例,中国中车、福耀集团、中兴通讯这三家企业的产品性能,拥有国际领先的技术水准,在国际上都具有核心竞争力。因此,中国企业要想在"一带一路"的跨境投资中取胜,尤其是在发达国家市场中取胜,必须要生产出具有国际核心竞争力产品。

第二,要充分了解当地的文化,因地制宜。不同的国家有不同的地缘文化、政治文化、人文文化、商业文化。比如在美国,保护主义非常厉害,就只能卖产品卖给它一部分;在韩国,因为国家太小了,保护太多,竞争很激烈。所以企业在进入这些国家的时候,要学会尊重他们,降低对他们的伤害。在美国,工会跟老板闹矛盾,是政治问题,党派之争。共和党的选票来自社会精英,是老板跟社会那些大学老师、公务员组成的,民主党的票选在工会。因此中国的企业、韩国的企业,德国的企业,在美国的时候,与本土企业不同,都会选择跟工会处得很好。福耀集团在美国收购企业的时候就工人问题专门拜访工会,与其共同分享利益,实现双赢。

第三,要对产业有深刻的理解,了解行业未来的发展方向。福耀集团在进行海外投资时,就对汽车行业展开了深度的调研,了解汽车行业的发展趋势。服药集团在研究中发现:第一,行业迭代将促进高品质玻璃的需求。现在汽车行业研究的主要是无人驾驶的汽车,但是即使是无人驾驶汽车,也需要玻璃作为配件。现在研究的时速在100千米到130千米的无人驾驶汽车,需要1 000多万个数据与其配套,而这些数据的载体是半导体芯片,这些芯片将被安装在玻璃上。所以,汽车行业的迭代将会促进玻璃其配件设施。第二,玻璃未来发展方向因为高品质玻璃。玻璃产品属性发生变化任何产业都是有周期的,从普通玻璃到功能型玻璃、智能玻璃,未来有可能再拓展。最早的普通玻璃的价格为 20 元，后来同等规格降噪 90%玻璃为 200 元，未来的智能玻璃的发展潜力不可忽视。正是在对玻璃行业的宏观环境有了深刻的理解后，福耀集团才能顺应时代，生产符合市场需求的产品，最终成为同行业的全球霸主。

第九章 "一带一路"背景下中国跨境投资的相关问题

第一节 政府政策

任何一项国家战略的落实都需要一系列配套政策的支撑,作为当前国家重大战略的"一带一路"建设也不例外,只有基于完善的政策支撑,"一带一路"建设才能完成甚至超过预期,达到事半功倍的效果。

2013年9月7日,习近平在对哈萨克斯坦访问期间,首次提出了共同建设"丝绸之路经济带"的倡议,同时把该倡议的重点确定为"五通",即"政策沟通、道路畅通、贸易畅通、货币流通和民心相通"。其中政策沟通位列"五通"之首。随后,2015年3月28日,国家发改委、外交部、商务部联合发布了《推动共建丝绸之路经济带和21世纪海上丝绸之路的愿景与行动》,对"五通"的内容进行了微调,改为"政策沟通、设施联通、贸易畅通、资金融通和民心相通","政策沟通"依然位列"五通"之首。再结合当前"一带一路"建设的情况来看,可以说,政策沟通始终是"五通"中的关键环节,是"一带一路"建设的重要保障。

因此,本书认为,党和国家领导人、政府对于政策在"一带一路"建设中的必要性和重要性有着深刻的认识,并且十分重视政策的构建。同时,研究"一带一路"建设需要深刻解读政策,只有透彻了解政策,才能全面解读"一带一路"的建设。

一、综合性政策

2013年9月7日,习近平在访问哈萨克斯坦期间,于纳扎尔巴耶夫大学发表了题为《弘扬人民友谊,共创美好未来》的重要演讲,首次提出了共同建设"丝绸之路经济带"的倡议。为落实习近平主席的倡议,2015年3月28日,国家发改委、外交部和商务部联合发布了《推动共建丝绸之路经济带和21世纪海上丝绸之路的愿景与行动》(下称《愿景与行动》)。

《愿景与行动》是当前指导我国"一带一路"建设的综合性和纲领性文件,对后续细化政策的制定也具有很强的引导作用与意义。同时,《愿景与行动》提出了"共建原则",构建了"一带一路"建设的整体框架思路,从总体上将"一带一路"建设分为两条地理主线,也确定了"一带一路"建设合作的重点,即:政策沟通、设施联通、贸易畅通、资金融通和民心相通。

《愿景与行动》还对国内如何落实深化"一带一路"建设作出了整体性规划,从高层引领推动、签署合作框架、推动项目建设、完善政策措施和发挥平台作用五个方面说明了中国政府一直在积极行动,以行践言,努力推动"一带一路"建设这一惠及多国的国家战略的实施。

2015年5月,中共中央、国务院发布《关于构建开放型经济新体制的若干意见》(中发〔2015〕13号),明确提出建立促进"走出去"战略的新体制。

内容指出,在推进境外投资便利化方面,应研究制定境外投资新法规,简化境外投资流程监管;加快建立健全合格境内个人投资者制度,加强境外投资合作信息分享平台的搭建。在对外投资合作方式创新方面,应鼓励有优势的企业和个人到境外开展投资合作,允许以绿地投资、并购投资、证券投资等多种创新方式"走出去"。在加快实施"一带一路"方面,应推进基础设施互联互通,深化与沿线国家投资与贸易合作,积极推动海上经济合作,稳步推进中巴、孟中印缅经济走廊建设等各项加强国家间合作的政策措施。

2015年8月,中共中央、国务院出台《关于深化国有企业改革的指导意见》(中发〔2015〕22号),对深化国有企业改革提出了指导意见和整体部署要求。内容指出,应支持国有企业开展国际化经营,鼓励国有企业之间以及与民营企业或其他所有制企业的强强联合、优势互补的合作,以达到培育世界一流水平跨国公司的目标。

此外,各部门也在通过实际行动积极支持国家"走出去"战略。

商务部积极促进各国投资与贸易相关政策的对接,推动在双边经贸混委会框架下共同加强"一带一路"建设合作文件的探讨;签署双边经贸中长期发展规划;搭建各国间投资与贸易合作平台;推进基础设施建设,加强各国间商贸的互联互通;建立重点项目库,推动政府层面的战略性项目等。

农业部制订了《落实"一带一路"建设战略的实施方案》,明确应在"一带一路"框架的带领下,积极推动跨境农业合作;组织开展相关农业、渔业、生态环境合作等支撑性专题研究工作,推动编制农业对外合作规划、重点国别规划、重点产业规划等,为农业优势产能国际合作提供宏观指导。

教育部牵头制订了《推进共建"一带一路"教育行动》(教外〔2016〕46号)。内容指出,我国应以基础性、支撑性、引领性三方面举措为建议框架和合作重点,整合沿线国家各具特色的丰富教育资源,对接沿线国家意愿,互鉴先进教育经验,共享优质教育资源。

税务总局印发《关于落实"一带一路"发展战略要求做好税收服务与管理工作的通知》(税总发〔2015〕60号),指出应从"谈签协定维权益、改善服务促发展、加强合作谋共赢"三个方面服务"一带一路"建设。

二、行业发展政策

张可云和蔡之兵(2015)认为,可将"一带一路"建设的主要内容用"一体两翼"来概括,"一体"指的是"一带一路"建设的支撑主体,即产业发展与合作。"两翼"指的是国家关系与国内区域关系。"一带一路"的政策支撑体系具体可以分为产业政策、贸易政策和区域政策。其中，产业政策主要针对"一带一路"建设的"一体"①。

由此可见，产业政策对于"一带一路"建设具有重大意义。产业政策是由行业政策构成的，为了更加全面细致地理解"一带一路"的产业政策，下文梳理了涉及"一带一路"的部分行业发展政策。

（一）"高铁走出去"战略的实施和《中长期铁路网规划》的出台为"一带一路"建设高铁行业提供了重要政策支撑

根据"高铁走出去"战略，中国将建设三条战略性高铁线路：中亚高铁、欧亚高铁和泛亚高铁。中亚高铁与古丝绸之路重合，经吉尔吉斯斯坦、乌兹别克斯坦等中亚国家，然后途径伊朗和土耳其，最终到达德国。欧亚高铁从英国伦敦出发，经巴黎、柏林、华沙、基辅，过莫斯科后分成两支，一支入哈萨克斯坦，另一支入远东的哈巴罗夫斯克，最后到达中国境内的满洲里。泛亚高铁则从云南昆明出发，经越南、缅甸、柬埔寨、泰国、马来西亚等国家，最后到达新加坡。

《中长期铁路网规划》（发改基础〔2016〕1536号）出台的原因之一就是重点实施"一带一路"建设的需要。《中长期铁路网规划》的目的是形成"八纵八横"的高速铁路网，至2030年，基本实现内外互联互通、区际多路畅通、省会高铁联通、地市快速通达、县域基本覆盖的目标。可见，在《中长期铁路网规划》助力"一带一路"的建设的同时，"一带一路"建设也为高铁行业的发展提供了动力与契机。

（二）《国务院关于促进旅游业改革发展的若干意见》给中国旅游业积极融入"一带一路"建设提供了方向性、指导性意见

《国务院关于促进旅游业改革发展的若干意见》（国发〔2014〕31号）指出，国内旅游业要抓住"一带一路"建设的历史契机，积极实施旅游业"请进来"和"走出去"战略。进一步深化对外合资合作，

---

① 张可云，蔡之兵．"一带一路"战略的政策保障视角研究．华南师范大学学报（社会科学版），2015（5）：78-84．

积极开拓国际市场。完善国内国际区域旅游合作机制，建立互联互通的旅游交通、信息和服务网络，加强区域性客源互送，构建务实高效、互惠互利的区域旅游合作体。

围绕丝绸之路经济带和 21 世纪海上丝绸之路建设，东北地区要加强同俄罗斯远东、蒙古的合作；西北地区要加强与中西亚地区及俄罗斯的交流与合作；西南地区、南方地区要加强海上丝绸之路旅游主题的建设。

（三）《国务院关于积极推进"互联网+"行动的指导意见》为国内互联网企业结合"一带一路"建设推进国际交流合作奠定了政策基础

2015 年 7 月 4 日，国务院发布《国务院关于积极推进"互联网+"行动的指导意见》（国发〔2015〕40 号），明确提出，在拓展海外合作方面，应结合"一带一路"等国家重大战略，支持和鼓励"互联网+"企业整合国内外资源，推进应用平台的全球化发展；充分发挥"互联网+"对稳增长、促改革、调结构、惠民生、防风险的重要作用。

（四）《贸易便利化协定》和《中国东盟自由贸易协定》的签署为中国与"一带一路"沿线其他国家发展贸易交流提供了重要便利条件

WTO《贸易便利化协定》提供了中国与"一带一路"沿线国家进行投资与贸易行为的总体政策指引。各国应该积极推动 WTO《贸易便利化协定》的生效与实施，降低非关税壁垒，共同提高技术性贸易措施透明度、贸易自由化和便利化水平。

《中国—东盟自由贸易协定》为中国与东盟各国开展双边自由贸易奠定了良好的政治、经济与法律基础，增进了协定各国之间的经济、贸易和投资合作。该协定通过双方相互给予投资者国民待遇、最惠国待遇和投资公平公正待遇，进一步促进了双方投资的便利化和逐步自由化。

（五）亚洲基础设施投资银行和金砖国家开发银行的建立、丝路基金的组建运营为"一带一路"建设提供了资金方面的政策支撑

亚洲基础设施投资银行是为亚洲量身定制的政府主导的多边金融机构，为了支持亚洲地区基础设施建设和经济发展，推动亚欧大陆在内的世界各国发展，并为"一带一路"建设提供强有力的资本支持[①]。金砖国家开发银行的建立是为了应对金砖五国出现的金融风险或危机，而合作构筑的共同金融安全网。

丝路基金主要投资于基础设施、资源开发、产业合作及金融合作。"一带一路"沿线各国资源禀赋不同、经济互补性强，因此推进"一带一路"建设的关键是要发挥沿线各国的比较优势、释放合作的潜力和空间。2015年，丝路基金就先后宣布了三单项目投资，分别是中国三峡集团在巴基斯坦等南亚国家投资建设水电站等清洁能源、中国化工集团并购意大利倍耐力轮胎公司和俄罗斯亚马尔液化天然气一体化项目的投融资项目。

三、财政金融政策

2004年7月16日，国务院印发《国务院关于投资体制改革的决定》（国发〔2004〕20号）。为配合《国务院关于投资体制改革的决定》，国家发改委在2004年制定了《境外投资项目核准暂行管理办法》（发改委〔2004〕21号令），并于2014年修订为《境外投资项目核准和备案管理办法》（发改委〔2014〕9号令）。其他类似的财政金融政策还有《对外经济技术合作专项资金管理办法》（财企〔2005〕255号）、《关于建立境外投资重点项目风险保障机制有关问题的通知》（发改外资〔2005〕113号）和《加大对境外投资重点项目金融保险支持力度有关

---

① 亚投行网．中国为什么要成立亚投行．[2016-7-18]. http://www. aiibw.cn/policy/show-919.aspx.

问题的通知》（开行发〔2006〕11 号）等。

2015 年 3 月 31 日，保监会出台《关于调整保险资金境外投资有关政策的通知》（保监发〔2015〕33 号），对保险机构开展境外投资的专业人员数量和资质，保险资金投资境外政府债券、政府支持性债券、国际金融组织债券等固定收益类产品，保险机构申请境外投资委托人资格应当具备的"具有经营外汇业务许可证"条件等要求进行了具体规范和调整。

2016 年 4 月 5 日，银监会出台《中国银监会关于进一步加强银行业金融机构境外运营风险管理的通知》（银监发〔2016〕5 号），从认真落实监管制度、加强风险识别判断、明确境外运营责任、加强境外机构管理、加强跨境监管合作等二十一个方面进行了详细要求。

本书认为，财政政策在"一带一路"的建设中可以发挥更加积极主动的作用，而且应该加强创新，积极吸引民间资本参与"一带一路"的建设，比如采用 PPP 模式加强公私合营。而金融政策的作用在于资金融通，要想实现这一目的，就要深化与"一带一路"沿线国家的金融合作，共建亚洲货币稳定体系、投资体系与信用体系。

综合上述，"综合性政策""行业发展政策"和"财政金融政策"对于"一带一路"建设的政策性支撑还是比较到位，但是在某些细节方面依然需要不断完善。同时，我国还应实施高标准的对外开放型政策，在和平共处五项原则的基础上，与"一带一路"沿线国家商讨制定符合时代发展的自由贸易协定，构建高标准的自由贸易区网络，密切关注沿线国家贸易政策的变化，在完善内部政策体系的前提下，加强与沿线国家之间的政策沟通，这是"一带一路"建设的必要保证。

第二节　跨境投资流程、审核与监管

伴随中国政府"走出去"政策的推行，中国企业进行跨境投资的数量急速上升。中国企业进行跨境投资时，首先需要取得三个主管部门的核准、备案与登记，包括国家发展和改革委员会或地方发展和改革委员会的核准或备案、商务部或地方商务部门的核准或备案以及国家外汇管理局的外汇登记程序。特别的是，根据企业的性质、行业以及交易规模，还可能涉及国务院国有资产监督管理委员会、相关行业主管部门以及证监会等机构的审批、核准或备案程序。

2014年、2015年，国家发改委、商务部和外汇管理局先后发布修订了新的法规和规范，简化了境内企业跨境投资的核准、备案与登记程序，这也为我国企业跨境投资提供了更便捷有力的保障。

一、跨境投资的流程：核准、备案与登记

2014年4月8日，国家发改委颁布了《境外投资项目核准和备案管理办法》（发改委〔2014〕9号令），针对国家发改委境外投资项目的核准或备案流程进行了改革。2014年5月14日，国家发改委颁布了关于实施《境外投资项目核准和备案管理办法》有关事项的通知（发改外资〔2014〕947号），进一步充实了"9号令"。2014年9月6日，商务部发布《境外投资管理办法》（商务部〔2014〕3号令），明确了境外投资的核准备案、规范服务以及法律责任。2016年，国务院公布《企业投资项目核准和备案管理条例》（国令〔2016〕673号）和《国务院关于发布政府核准的投资项目目录（2016年本）的通知》（国发〔2016〕72号），其中也明确规定了境外投资的相关要求。

根据国家发改委《境外投资项目核准和备案管理办法》（"9号令"）第七条的规定，中方投资额10亿美元及以上的境外投资项目，由国家发改委核准。涉及敏感国家和地区、敏感行业的境外投资项目，不分限额，由国家发改委核准。中方投资额20亿美元及以上，并涉及敏感国家和地区、敏感行业的境外投资项目，由国家发改委提出审核意见并报国务院核准。本办法第七条规定之外的境外投资项目实行备案管理。其中，中央企业实施的境外投资项目、地方企业实施的中方投资额3亿美元及以上的境外投资项目，由国家发改委负责备案；地方企业实施的中方投资额3亿美元以下境外投资项目，由各省、自治区、直辖市及计划单列市和新疆生产建设兵团等省级政府投资主管部门备案。

根据"9号令",境外投资项目采取核准和备案两种形式,但只有两类项目适用核准方式:一类是中方投资额在10亿美元以上的项目;二是涉及敏感国家和地区或涉及敏感行业的项目。其他境外投资项目一律适用备案管理。

国家发改委对于跨境投资项目的核准备案规定总结如表9.1所示。

表 9.1 国家发改委对于跨境投资项目的核准备案规定①

	投资额<3亿美元	3亿美元≤投资额<10亿美元	投资额≥10亿美元	敏感项目
中央管理企业	报国家发改委备案	报国家发改委备案	报国家发改委核准	不分限额,报国家发改委核准。其中:投资额20亿美元及以上的,由国家发改委提出审核意见报国务院核准;地方企业由省级发改部门提出审核意见报国家发改委
地方企业	省级投资主管部门备案	省级投资主管部门转报国家发改委备案	省级投资主管部门转报国家发改委核准	
民营企业	报国家发改委备案	报国家发改委备案	报国家发改委核准	

根据商务部《境外投资管理办法》第六条规定,商务部和省级商务主管部门针对企业境外投资的不同情形,分别实行核准和备案管理;企业境外投资涉及敏感国家和地区、敏感行业的,实行核准管理;企业其他情形境外投资,实行备案管理。

根据2016年国务院《企业投资项目核准和备案管理条例》第三条规定,对关系国家安全、涉及全国重大生产力布局、战略性资源开发和重大公共利益等项目,实行核准管理。对前款规定之外的项目,实行备案管理。

根据国务院《政府核准的投资项目目录(2016年本)》第十二条的规定,涉及敏感国家和地区、敏感行业的项目,由国务院投资主管部门核准。前款规定之外的中央管理企业投资项目和地方企业投资3亿美元及以上项目报国务院投资主管部门备案。

国家发改委和商务部对于跨境投资项目的核准备案规定总结如表9.2所示。

---

① 李海容. 中国企业海外投资审批流程概述. [2015-07-23]. http://www.goingconcern.cn/ article/7609.

表 9.2 国家发改委和商务部对于跨境投资项目的核准备案规定

	核　准	备　案
国家发改委	中方投资额 10 亿美元及以上的跨境投资项目；涉及敏感国家和地区、敏感行业的跨境投资项目	前述规定之外的项目实行备案管理。其中，中央管理企业实施的、地方企业实施的中方投资额 3 亿美元及以上的境外投资项目，由国家发改委备案；地方企业实施的中方投资额 3 亿美元以下境外投资项目，由各地方政府投资主管部门备案
商务部	涉及敏感国家和地区、敏感行业的跨境投资项目；商务部另行公布的其他实行核准管理的国家和地区的名单	其他投资情形

本书认为，境内企业跨境投资的流程，具体分为以下四个步骤。

（一）国家发改委的核准和备案

就核准项目而言，中央管理企业由国家发改委核准或由国家发改委提出审核意见报国务院核准，地方企业直接向所在地的省级政府投资主管部门提交项目申请报告，由省级政府投资主管部门提出审核意见后报送国家发改委；中央管理企业由集团公司或总公司向国家发改委报送项目申请报告。

关于地方企业的核准项目在省级投资主管部门的审核流程，以北京市为例，根据政府公开的办事指南信息，共分为三个步骤：一是接收材料，于受理窗口统一接收项目单位提交的申请材料；二是补正和受理，对于申请材料不齐全或者不符合法定形式的情形，会当场或者在五日内告知申请人需要补正的全部内容，若申请材料齐全且符合规定形式的当场受理，接受申请材料后逾期未告知补正的，自收到申请材料之日起即视为受理；三是等待审查和决定，最后结果会在做出决定后 5 个工作日内送达申请人。

就备案项目而言,根据国家发改委 2014 年 4 月 8 日发布的《境外投资项目核准和备案管理办法》规定,中方投资额 3 亿美元及以上的境外收购或竞标项目,投资主体在对外开展实质性工作之前,应向国家发改委报送项目信息报告。国家发改委收到项目信息报告后,对符合国家境外投资政策的项目,会在 7 个工作日内出具确认函。

2014 年 6 月 22 日,国家发改委发布的《国家发改委办公厅关于启用全国境外投资项目备案管理网络系统的通知》(发改办外资〔2014〕1386 号)规定,实行备案管理的境外投资项目,原则上均通过备案系统进行申报。备案系统会根据填报的企业类型、注册地和项目中方投资额等信息,自动分送国家发改委或相关省级发展改革部门受理。

国家发改委的跨境投资项目具体备案流程如表 9.3 所示。

表 9.3 国家发改委的跨境投资项目具体备案流程[①]

登陆备案系统	通过国家发展和改革委员会门户网站(www.ndrc.gov.cn)的"政务服务中心"——"网上政务服务大厅"栏目进行访问
企业用户名注册	中央企业的用户注册申请国家发改委受理,地方企业的用户注册申请由省级发展改革部门受理
提交项目备案资料	各类企业在获得用户名和密码后登陆备案系统,填报境外投资项目备案表,并按要求上传相关附件;原则上,各类企业不必另行报送纸质备案申请材料
相应机关受理及审查	备案系统会根据项目及企业信息自动分送国家发改委或相关省级发展改革部门受理;各省级发展改革部门和各类企业要及时登陆备案系统查看项目审批进展
告知审查结果	对填报材料不符合要求的,备案系统会发送通知要求补齐补正; 对已通过或未通过审核的,备案系统会发送通知告知结果; 对于通过备案审核的项目,国家发改委或省级发展改革部门将出具纸质《项目备案通知书》

---

① 李海容. 中国企业海外投资审批流程概述. [2015-07-23]. http://www.goingconcern.cn/article/7609.

对于注册在上海自由贸易试验区的地方企业境外投资项目，根据2013年9月29日发布的《中国（上海）自由贸易试验区境外投资项目备案管理办法》（沪府发〔2013〕72号）规定，对注册在中国（上海）自由贸易试验区的地方企业实施的本市权限内的境外投资一般项目，实行备案制管理。前往未建交、受国际制裁国家，发生战争、动乱等国家和地区，或国家发改委认定的其他敏感国家和地区投资的项目；涉及基础电信运营，跨界水资源开发利用，大规模土地开发，输电干线、电网，新闻传媒，或国家发改委认定的其他敏感行业的境外投资项目，不分限额，由上海市发改委初审后报国家发改委核准，或由国家发改委提出审核意见后报国务院核准。

（二）商务部的核准和备案

商务部出台的《境外投资管理办法》指出，商务部和省级商务主管部门通过"境外投资管理系统"对企业境外投资进行管理，并向获得备案或核准的企业颁发《企业境外投资证书》，该证书由商务部和省级商务主管部门分别印制并盖章，实行统一编码管理。

对属于核准情形的境外投资，企业申请境外投资核准需提交申请书、境外投资申请表、境外投资相关合同或协议等。商务部应当在受理中央企业核准申请后20个工作日内（包含征求驻外使（领）馆（经商处室）意见的时间）作出是否予以核准的决定；省级商务主管部门在受理地方企业核准申请后对申请是否涉及本办法第四条所列情形进行初步审查，并在15个工作日内（包含征求驻外使（领）馆（经商处室）意见的时间）将初步审查意见和全部申请材料报送商务部。申请材料不齐全或者不符合法定形式的，相关部门会在3个工作日内一次告知申请企业需要补正的全部内容。

对属于备案情形的境外投资，中央企业和地方企业通过"管理系统"按要求填写并打印《境外投资备案表》，商务部或省级商务主管部门应当自收到备案表之日起3个工作日内予以备案并颁发证书。企业不如实、完整填报备案表的,商务部或省级商务主管部门不予备案。

(三)外汇管理部门的登记

国家外汇管理局 2009 年 7 月 13 日发布,2009 年 8 月 1 日起施行的《关于发布境内机构境外直接投资外汇管理规定的通知》(汇发〔2009〕30 号)规定,中国企业进行境外直接投资的,境内机构向境外汇出的前期费用,需办理境外直接投资前期费用登记。此后,企业在获得发改部门和商务部门的核准或备案后,才可办理境外直接投资外汇登记。

根据国家外汇管理局 2015 年 2 月 13 日《国家外汇管理局关于进一步简化和改进直接投资外汇管理政策的通知》(汇发〔2015〕13 号)规定,自 2015 年 6 月 1 日起,可由银行直接审核办理境外直接投资项下外汇登记,国家外汇管理局及其分支机构通过银行对直接投资外汇登记实施间接监管。

境内机构(含境内企业、银行及非银行金融机构,下同)汇出境外的前期费用,累计汇出额原则上不超过 300 万美元且不超过中方投资总额的 15%;前期费用累计汇出额超过 300 万美元或超过中方投资总额 15%的,境内投资者需提交说明函至注册地外汇管理局申请办理。银行通过外汇管理局资本项目信息系统为境内机构办理前期费用登记手续后,境内机构凭业务登记凭证直接到银行办理后续资金购付汇手续。

境内机构在以境内外合法资产或权益(包括但不限于货币、有价证券、知识产权或技术、股权、债券等)向境外出资前,应该到注册地银行申请办理境外直接投资外汇登记。境内机构以境外资金或其他境外资产或权益出资的境外直接投资,应向注册地银行申请办理境外直接投资外汇登记。多个境内机构共同实施一项境外直接投资的,由约定的一个境内机构向其注册地银行申请办理境外直接投资外汇登记。银行通过外汇局资本项目信息系统为境内机构办理境外直接投资外汇登记手续后，境内机构凭业务登记凭证直接到银行办理后续资金购付汇手续。

（四）其他部门的审批和备案

除上述需要获得的主要境内核准、备案与登记程序之外，根据企业的性质、行业和交易规模，还可能涉及国资委、行业主管部门以及证监会等机构的审批、核准或备案程序。

2017年1月18日，国务院国有资产监督管理委员会修订公布了《中央企业境外投资监督管理》（国资委〔2017〕35号）。内容指出，国资委依据相关法律、法规和国有资产监督规定等，从项目风险、股权结构、资本实力、收益水平、竞争秩序、退出条件等方面履行出资人审核把关程序，并对有异议的项目在收到相关材料后20个工作日内向企业反馈书面意见，国资委认为有必要时，可委托第三方咨询机构对项目进行论证。

二、跨境投资的其他监管

除了上述审核流程中存在的监督外，2013年10月，商务部发布《关于加强对外投资合作在外人员分类管理工作的通知》（商合函〔2013〕874号），根据《对外劳务合作管理条例》《对外承包工程管理条例》和对外投资合作相关管理规定，明确了各类劳务人员的管理范围、管理职责和违规处罚措施。该管理政策有助于依法保障外派劳务的合法权益，促进对外投资合作健康发展。

2013年7月5号，商务部、外交部、公安部、住房和城乡建设部、海关总署、税务总局、工商总局、质检总局和外汇局共九个部门联合发布了《对外投资合作和对外贸易领域不良信用记录试行办法》（商合发〔2013〕248号）。其中，明确规定了应当列入对外投资合作不良信用记录的行为，包括经核准开展境外投资业务企业方面的不良行为和境外投资合资合作方方面的不良行为。

三、跨境投资监管存在的问题、原因及对策

（一）跨境投资监管存在的问题与原因

针对跨境投资的领跑者国有企业来说，其项目投资往往随着政府整体发展规划的变化而变化，缺乏自主有效抉择的权利，往往为了政治利益而不是企业自身意愿而投资。因此，部分国有企业在进行跨境投资时，缺乏前期针对当地社会、经济、市场和法律环境的深入调查和周密分析，从而导致跨境投资存在投资分散、效益低下、资金使用率差强人意、盲目决策和高风险等现象。

针对民营企业来说，政府对这些企业的投资方向、风险控制等方面给予的整体规划和指导严重不足。现今，各民营企业只能靠自己在黑暗中摸索，在探索过程中难免会出现一系列的偏差，这也增加了跨境投资的不必要成本。政府对于跨境投资的宏观调控和管理不够协调，导致投资地域过于集中、投资结构不稳定、企业间设点交叉重复、自相竞争等问题。此外，政府相关部门对企业的监督着重于跨境投资项目的前期审批，而对事后的监管力度仍然不足，部分后期监管规范的可操作性仍有待商榷。

（二）跨境投资监管存在问题的对策

本书认为，可以从以下两个方面对跨境投资的监管进行改善。

1. 设立统一管理机构审批跨境投资项目

如前所述，目前我国跨境投资审批中存在多头管理、审批内容重叠、职能交叉等现象，本书认为，可以将国家发改委和商务部关于跨境投资项目的审批流程合二为一，或将国家发改委和商务部关于跨境投资项目的审批职能剥离，在市级以上各级人民政府内设立统一的跨境投资管理机构。综合我国整体经济发展方向与相关政策，在深入分析企业优势和国际市场区位优势的基础上，国务院跨境投资管理机构直接对跨境投资的行业与地区选择进行指导协调，从宏观上统一指导、协调与管理。

地方各级跨境投资管理机构对各所有制企业跨境投资行为进行核准，对不含国有成分的企业对外投资直接从立法上进行投资金额、投资行业和地区等方面的限制，从而简化审批程序，使得符合规范的跨境投资项目无需申请核准，备案后即可对外投资。在该机构内设立国有资本对外投资的专门审核部门，对国有独资公司、国有控股公司、国有参股公司按对外投资行为进行审批。对于国有参股公司的跨境投资项目，必须在国资委进行备案，并将其在国资委办理产权登记手续作为办理外汇、对外投资保险的前置程序。

2. 严格限制国有资本的跨境投资

国有企业不能盲从，一拥而上，"为了走出去而走出去"。在完全不同的市场、经济、法律与社会环境下进行投资管理，要求企业内部具有突出的技术优势、经营管理水平和应对风险的能力。因此，应严格限制国有企业的跨境投资项目，使得"走出去"的都是高竞争力的企业、能够长期生存的企业。

国有资本对外投资的主体至少应具备如下条件：一是主业突出，核心竞争力强，拥有独特的专利、专有技术，品牌影响力、规模、资金，有效资源和控制市场能力等优势；二是产权责任清晰，激励与约束机制健全，公司治理结构和决策机制良好；三是企业战略成熟、投资目的明确，投资的境外项目还应是核心业务或纵向延伸业务，具有内部化优势；四是企业经营管理水平良好，财务制度严谨，监管体系健全，信用等级高等条件[①]。

第三节 跨境投资法律规范

2014年10月，中共十八届四中全会提出，促进构建开放型经济

---

① 傅锦仪. 国有企业对外投资监管存在的问题及对策. 中国经贸，2016(8)：99-100.

新体制，积极参与国际规则制定，维护公民和法人在海外的正当权益。

2014年12月，中央经济工作会议要求加快推进改革开放，加快行政审批、对外投资等领域的改革，努力提高对外投资效率和质量，促进基础设施建设和先进技术研究的互相合作，提高跨境投资的效率和质量。

2015年10月，中共十八届五中全会提出完善对外开放战略布局，推进"一带一路"建设，推进跨境互利共赢合作，实现全面开放新格局。

跨境投资法律规范可追溯到20世纪。1996年1月，国务院发布《中华人民共和国外汇管理条例》（国发〔1996〕193号），该条例对经常项目外汇、资本项目外汇、金融机构外汇业务、人民币汇率和外汇市场、法律责任几个方面提出了具体的管理要求。1996年7月，财政部执行《境外投资财务管理暂行办法》（财外字〔1996〕215号），该办法旨在"规范境外投资的财务管理，提高境外投资的经济效益，维护国家利益和投资单位的合法权益"。

此后，政府出具的许多文件也涉及跨境投资的审核、监管和规范，下文选取了部分有代表性的法律、法规和规章，为读者进行简要地说明。

一、跨境投资的相关法律

在国内层面，我国目前还没有关于跨境投资的基本法、综合性法律文件或者单行法，相关规范性文件主要出自于国务院有关部门、委员会、管理局或地方政府主管机构，包括支持企业进行跨境投资的金融、财政、税收、保险、人才、信息服务和出入境管理办法等政策、制度与支持措施。

在国际层面，中国跨境投资法律制度支持体系主要包括中国政府对外签署的多边、双边投资保护协定，避免双重征税协定以及国际公约等，包括《多边投资担保机构（MIGA）公约》、《解决国家与他国国民投资争议公约》、WTO及其所有涵盖协议（主要是《与贸易有关的投资措施协定》），这为企业跨境投资提供了国际法律制度的有力保障[①]。

二、跨境投资的相关法规

2008年8月5日，国务院修订《中华人民共和国外汇管理条例》（国发〔2008〕193号），该条例规定，境内机构、境内个人向境外直接投资或者从事境外有价证券、衍生产品发行、交易，应当按照国务院外汇管理部门的规定办理外汇登记。国家规定需要事先经有关主管部门核准或备案的，应当在外汇登记前办理相关核准或备案手续。

2014年3月7日，国务院发布《国务院关于进一步优化企业兼并重组市场环境的意见》（国发〔2014〕14号），针对企业兼并重组面临的审批多、融资难、负担重、服务体系不健全、体制机制不完善、跨地区跨所有制兼并重组困难等问题提出了具体的意见与建议。

2016年12月20日，国务院为进一步深化投资体制改革和行政审批制度改革，加大简政放权力度，确立企业投资主体地位，更好发挥政府协助作用，加强和改进宏观调控，发布了《政府核准的投资项目目录（2016年本）》（国发〔2016〕72号）。内容阐述了农业水利、能源、交通运输、信息产业、原材料、机械制造、轻工、高新技术、城建、社会事业、外商投资、境外投资共12个项目类别的相关审批程序。

三、跨境投资的相关规章

（一）国务院办公厅发布

2013年7月1日，国务院办公厅发布《关于金融支持经济结构调整和转型升级的指导意见》（国办发〔2013〕67号），提出鼓励政策性银行、商业银行等金融机构大力支持企业"走出去"。以推进贸易投资

[①] 沈四宝，彭景. 我国对外投资法律制度支持体系的路径探析. 社会科学辑刊，2012（6）：84-88.

便利化为重点，进一步推动人民币跨境使用，推进外汇管理简政放权，完善货物贸易和服务贸易外汇管理制度等。

2014年5月4号，国务院办公厅颁布《关于支持外贸稳定增长的若干意见》（国办发〔2014〕19号），为应对严峻复杂的外贸形势，支持外贸稳定增长，实现全年预期目标，提出进一步加强进口，保持货物贸易稳定增长，支持服务贸易发展，发挥"走出去"的贸易促进作用等十六条措施。

（二）国家发改委发布

2014年4月8日，国家发改委修订了《境外投资项目核准和备案管理办法》（发改委〔2014〕9号令）。该办法包含核准和备案机关及权限、程序及条件，且提出了国家发改委的申请时间限制。该办法适用于境内各类法人以新建、并购、参股、增资和注资等方式进行的境外投资项目，以及投资主体以提供融资或担保等方式通过其境外企业或机构实施的境外投资项目。

2014年5月14日，国家发改委颁布了《关于实施境外投资项目核准和备案管理办法有关事项的通知》（发改外资〔2014〕947号），对"9号令"进行了具体补充说明。项目核准方面，省级政府发改部门申报文件内容应包括经审核的项目基本情况、对是否符合核准条件的初审意见等；中央管理企业申报文件内容应包括项目基本情况、集团公司或总公司意见等。项目备案方面，由国家发改委备案的境外投资项目，提交国家发改委的备案申请材料应包括备案申报文件和项目备案申请表及附件。

（三）商务部发布

2014年9月6日，商务部修订《境外投资管理办法》(商务部〔2014〕3号)，其中第三章指出，企业应当客观评估自身条件、把握目的地投资环境，积极稳妥开展境外投资，第四章明确了法律责任相关问题，例如，企业提供虚假材料申请核准的，企业以欺骗、贿赂等不正当手段获得境外投资项目核准等情形，给予的警告、公布处罚决定、行政处分和追究刑事责任等相关惩罚措施。

（四）外汇管理部门发布

2015 年 2 月 13 日，国家外汇管理局发布《关于进一步简化和改进直接投资外汇管理政策的通知》（汇发〔2015〕13 号）指出，自 2015 年 6 月 1 日起，取消境内直接投资项下外汇登记核准和境外直接投资项下外汇登记核准两项行政审批事项；简化了部分直接投资外汇业务办理手续；且要求，银行应提高办理直接投资外汇登记的合规意识；外汇局应强化对银行的培训指导和事后监管等。同时，该通知附注了直接投资外汇业务操作指引的详细流程说明。

2016 年 6 月 9 日，国家外汇管理局发布《关于改革和规范资本项目结汇管理政策的通知》（汇发〔2016〕16 号），从"在全国范围内实施企业外债资金结汇管理方式改革、统一境内机构资本项目外汇收入意愿结汇政策、境内机构资本项目外汇收入意愿结汇所得人民币资金纳入结汇待支付账户管理、境内机构资本项目外汇收入的使用应在经营范围内遵循真实、自用原则、规范资本项目收入及其结汇资金的支付管理和进一步强化外汇局事后监管与违规查处"六个方面详细阐述了外汇管理的具体操作流程与注意事项。

（五）其他部门发布或联合发布

2012 年 7 月 3 日，为了鼓励民营企业开展跨境投资，国家发改委、外交部、工业和信息化部、财政部、商务部、人民银行、海关总署、工商总局、质检总局、银监会、证监会、保监会和外汇局共 13 个部委发布《关于印发鼓励和引导民营企业积极开展境外投资的实施意见的通知》（发改外资〔2012〕1905 号），文件从大力加强完善对民营企业境外投资的宏观指导和政策支持、简化和规范民营企业境外投资管理、全面做好民营企业境外投资的服务保障、加强风险防范、保障境外人员和资产安全五个方面明确了我国政府对民营企业跨境投资的政策支持。

2014 年 7 月 18 日，商务部和财政部联合发布《对外劳务合作风险处置备用金管理办法（试行）》（商务部、财政部〔2014〕2号令），对对外劳务合作企业缴存备用金的银行选择、备用金的缴存时间、缴存标准、缴存方式、存款手续、归属使用、备用金的管理等进行了规定。该项政策的实施有助于规范对外劳务合作企业的经营行为，应对因境外突发事件导致的劳务人员回国或接受紧急救助所需费用、或赔偿劳务人员的损失，保障外派劳务人员的合法权益。

四、跨境投资法律规范存在的问题、原因及对策

从目前执行的各项有关跨境投资法律规范内容来说，我国跨境投资法律规范的形成已初见成效。但是，我国目前跨境投资审批中仍然存在多头管理、审批内容重叠、职能交叉等现象，战略导向不够明确且立法层级分散，主要为部门法规、规章和政策性措施，且相互之间协调性转差、不利于系统发挥政策导向性作用。

因此，在构建跨境投资法律制度支持体系时还应适当提高立法层级，协调并整合现有文件内容。在跨境投资法律体系的构建上，跨境投资的动态性和国际市场的迅速变化，决定了跨境投资政策支持体系需要具有一定弹性。除了在基本法层面确立基本原则、跨境投资合作促进机构、知识产权保护和争端解决机制外，还需要为具体政策支持措施留有空间，以此构架多层次的、多来源的制度体系。

上文列出的法律规范仅仅是近年来政府针对跨境投资公布的庞大的政策支撑中的一部分，且各部门仍在持续对跨境投资相关政策进行修订与补充，以符合当今社会经济发展变化的要求。随着"一带一路"建设的推进，本书相信未来会有更多便利当代企业投资发展的政策支撑，对于企业的跨境投资行为也会有更加系统严谨的法律规范。

第十章 "一带一路"背景下中国跨境投资的建议、前景与展望

"一带一路"背景下中国跨境投资关系到国家层面和各产业领域的合作,涉及的问题复杂、烦琐,需要政府的指导和企业的实施。为了保障跨境投资良好有序的发展,政府的指导和服务至关重要。

第一节 "一带一路"背景下中国跨境投资的建议

一、政府方面

(一)加强政策支持

习近平主席于2013年9月7日在哈萨克斯坦纳扎尔罗耶夫大学和10月3日的印尼国会演讲中先后提出了共建"丝绸之路经济带"和"21世纪海上丝绸之路"。目前,"一带一路"已经得到近60个国家及8个重要国际组织的积极响应与支持。从"一带一路"建设战略的地点上看,该战略首先涉及的是中国与周边国家的关系,实际上就是如何拓展中国发展空间的问题;其次,从各地政府纷纷出台的规划方案和政策看,实际上又是中国国家内部发展的问题。唯有一内一外相得益彰,相辅相成,"一带一路"建设才能取得最大成效[①],对此提出以下建议。

---

① 石建国."一带一路"战略研究现状综述.中国周边外交学刊,2015(1):130-149.

"一带一路"开启的中国跨境投资新天地

1. 营造国际环境，权衡各方利益

处理好与俄罗斯的欧亚经济联盟的关系，是推动"一带一路"战略的关键[①]。"一带一路"涉及众多境外国家，外部情况复杂，国家政治、地缘政治、经济力量以及沿线地区政府的不同利益诉求均影响着战略的实施。因此，应不断加强与周边国家的友好关系，突破"以我国为主"的利益观，强调与周边国家和地区的共同建设、共同发展。并且，尽可能平衡国内不同省份因经济发展水平不同而形成的不同利益诉求，逐步推动我国跨境投资的法律化和制度化。

2. 加强国家规划指导，审批服务"一站式"

"一带一路"建设应做好国际、国家和地方层面的规划，不同层级间的规划应有效衔接，政策要有针对性和科学性，同时为进一步推动企业跨境投资还应简化审批程序、加强配套服务等。目前，跨境投资的流程大致分为四步：核准、备案、登记和审批。针对国际化经营的时效性特点，尽量简化审批手续，灵活审批手段，加快审批进度，打造"一站式"审批服务流程，降低审批权限，为企业跨境投资提供有力保障。同时，明晰政企关系，避免跨境投资中的过多行政干预，发挥政府的鼓励和引导作用，实行间接管理。

3. 不断完善各类政策，坚定企业跨境投资信心

将"一带一路"背景下跨境投资融入到国家经济发展的战略，有了国家政策的支持，才能振奋中国企业"走出去"的信心，进一步促进境外投资的发展和扩大。

目前，《境外投资项目核准暂行管理办法》《对外经济技术合作专项资金管理办法》《关于建立境外投资重点项目风险保障机制有关问题的通知》《加大对境外投资重点项目金融保险支持力度有关问题的通知》《中国银监会关于进一步加强银行业金融机构境外运营风险管理的通知》等政策的推行，为跨境投资的企业提供了保障。不断完善"综

[①] 李建民. 丝绸之路经济带、欧亚经济联盟与中俄合作. 俄罗斯学刊，2014（23）：7-17.

合性政策""行业发展政策"和"财政金融政策",是促进"一带一路"背景下跨境投资的有利保证。

(二)构建互利共赢的国际合作体系

自"一带一路"倡议提出以后,中国迎来了良好的开局。但该战略与美国提出的"新丝绸之路"计划、俄罗斯主导的"欧亚联盟"战略及日本的"丝绸之路外交"战略等形成了强烈的战略冲突,加之与东道国投资的竞争,"一带一路"背景下的跨境投资难免会引起各国和地区的投资争端[①]。

同时,加大外交力度,促进政治沟通,注重与大国间的双边关系,巩固和扩大我国的国际合作基础。通过建立"一带一路"背景下跨境投资的支撑平台、提供融资渠道、加强与东道国间的文化交流等措施,强化双边、多边合作,并制定跨境投资的国际规则,将其与自由贸易区国际规则统一起来,服务于中国。

(三)建立完善的跨境投资法律体系

法律风险是"一带一路"背景下中国跨境投资存在的重大风险之一,包括矿产资源、外商投资、税收、劳工环保、出口外汇等方面的法律政策风险,还包括政策连续性、法律稳定性、审批等方面的风险。

目前,中国对外投资的相关法律主要包括《境外投资管理办法》《境外投资项目核准暂行管理办法》《境内机构境外直接投资外汇管理规定》《海外投资财务管理暂行办法》《境外国有资产管理暂行办法》等,但设立时间都相对较短。且相比世界对外投资前几位的美国、法国、德国、日本、英国,中国的对外投资存在着风险意识较淡薄,风险防范机制、相关的法律保障制度不完善等问题。"一带一路"背景下的跨境投资所涉及的法律保障制度内容复杂,但现有的法律规定虽然

---

① 杨飞虎,晏朝飞."一带一路"战略下我国对外直接投资实施机制研究.理论探讨,2015(5):80-83.

数量繁多，但对跨境投资的保障还需要进一步完善和发展。

加快建立适应新形势和国家新战略的法律法规体系是推进我国跨境投资的

重要环节。通过完善的法律体系保障和促进跨境投资的实施，使得国家和地区的跨境投资有章可循、有法可依，同时也能切实维护企业等投资者的利益。针对构建完善的跨境投资法律体系有如下建议：

1. 跨境投资法系统化

近年来，我国的跨境投资不断增多，随着"一带一路"建设的不断推进，跨境投资达到新的高潮。在这种形势下，首先应尽快起草跨境投资的法律法规、整合各部门规章，针对跨境投资的相关事宜制定统一的法律规范。其次，在统一的跨境投资的立法框架下，制定跨境投资的管理办法、保护措施及税收、外汇、保险等具体的立法，明确政府对跨境投资的管理权限和主体的权利义务，明确政府对跨境投资的促进和保护措施。

2. 建立稳定性立法和灵活性政策

东道国政策的变化会对跨境投资的法律规范有所影响，但稳定的投资法律是跨境投资的保障。因此，应建立稳定性和灵活性兼备的跨境投资法，以适应法律可预见性和国际投资环境发展现实的需要。应在吸取世界各国立法模式长处的基础上，有效衔接我国跨境投资法律法规和国际相关法律规范，达到对跨境投资法稳定性与灵活性相结合的要求。

3. 设立跨境投资保险机构

与国内企业相比，涉及跨境投资的企业所面临的投资风险更大，若仍使用普通的投资保险业务势必不能满足企业的需求。因此，应通过政府设立专门的跨境投资保险机构，以保障企业的相关利益。政府应根据东道国的法律结构、经济政策等特点，制定相应的保险制度，尽可能减小因政治风险产生的经济损失。同时在审查企业跨境投资时与东道国签订双边保护协定，确保我国企业有权向东道国请求赔偿。

4．完善跨境投资的争端解决机制

解决跨境投资争端是保护跨境投资者利益的最后一道屏障。解决国际投资争端的传统方法包括：东道国当地救济、政治途径和法律途径。但跨境投资的国家或地区也许并不具备相关的法律体系，且使用外交保护等政治方法解决争端可能引起国家间纠纷，除非确有需要或必须使用时才能使用。因此，提供多渠道法律解决机制是避免争端的重要途径：从法律制度上，制定公平、公正的争端解决制度；从机构上，设立高水平的国际投资仲裁机构。

（四）加强和完善跨境投资信息服务系统

信息畅通、有效是"一带一路"背景下跨境投资的基石；信息全面、及时是开展跨境投资的基础；面对海量的信息，其精准性、权威性也是企业参与并获利的前提。[①]

首先，"一带一路"倡议提出至今，我国相关的信息发布主要来自发展和改革委员会网站、中央或地方电视台、广播电台、省政府工作报告等官方新闻，信息时效性高，但缺乏对信息的系统整理，信息碎片化问题较为突出。其次，"一带一路"的海量信息导致对大数据的应用需求，高质量的信息较少。另外，跨境投资存在的语言不通、文化各异、国际基本机制不同、供需信息不能有效对接的问题，对市场主体各方，尤其是企业可能引发国际商务争端。因此，"一带一路"背景下跨境投资的信息的碎片化、低质化、非对称性等是亟待解决的问题。

建立具有公信力的政府信息平台是解决上述问题的重要途径。构建"一带一路"背景下跨境投资的信息服务平台有以下两点建议。

1．搭建政府主导的主信息服务平台及功能型子服务平台

"一带一路"跨境投资涉及地缘较广，信息发布多由政府发布，建立以政府为主导的主信息服务平台，有助于信息及时、准确且集中的发布。同时，在此基础上，设立如融资、国际合作等服务于企业的

---

① 张展．"一带一路"信息服务平台建设探析．辽宁经济，2015（7）：26-27．

功能型子服务平台，满足使用者需求的同时，为企业提供便捷、全面的服务。

2．创建大数据下的信息服务平台

基于大数据背景，根据政府、企业的不同需求，细分信息服务平台权限。为不同需求者提供精准、及时服务的同时，保障信息的安全。

另外，除政府构建和完善信息服务系统外，还应利用驻外大使馆、进出口商会、已有的境外投资企业收集、整理和发布投资信息。同时，政府也应调动大型企业的积极性，有针对性地搜集境外投资信息。为方便我国地区和企业了解跨境投资的详细资料，应利用研究机构的资料、智库建立信息发布平台网站，同时还应调动中介机构和大型企业参与，搭建以政府为基础的信息网络，从而第一时间抓住投资的商机。

（五）建立跨境投资的风险防范措施

"一带一路"背景下的跨境投资受东道国的政治环境、经济环境、社会文化环境等诸多方面的影响，财务风险、运营风险等不言而喻，同时还存在政治风险、汇率风险、信用风险和法律风险。面对诸多风险，应建立和完善监管制度、健全境外资金安全防范促使、完善风险预警机制和突发事件应急处理机制、设置国家风险分析机构并发布相关投资风险报告，以确保国家、地区和企业的利益。应对风险有如下建议：

1．资料收集，建立风险评估数据库

完善东道国风险评估，建立资料库和数据库，整合分散的数据资源，将沿线国际的经济情况数据化、指标化，利用中国驻外使领馆、中资企业、驻外金融机构的海外信息优势，分门别类整理国情信息[1]。同时加强信息反馈，由政府、智库、企业三方合作，构建包括政治、经济、社会、民生概况、潜在风险分析等内容的投资信息数据库，并通过政务专网方式，与地方政府进行共享。

---

[1] 魏琪嘉，肖宏伟."一带一路"战略风险评估及应对建议．全球化，2016（2）：69-77.

2. 双重渠道，互惠互利

首先，继续加强与"一带一路"沿线国家政府的沟通，确定合作原则、方向，开展灵活外交，加强与大国间的战略磋商，将政治关系、地缘毗邻、经济互补等优势转换为合作优势，尽可能消除地区问题上存在的分歧，避免国际冲突。其次，加强与东道国非政府组织的合作、沟通。在项目建设中，服务当地民众，尊重当地民俗，帮助解决就业等民生问题。利用政府与非政府的双重渠道，为我国"一带一路"跨境投资企业带来利益的同时，服务东道国民众，实现经济、社会的双重建设。

（六）提供资金融通的支持

我国企业，尤其是民营企业在跨境投资过程中难免存在融资难、融资成本高的问题，阻碍了企业"走出去"的步伐。"一带一路"的建设，特别是基础设施方面，资金需求量特别大。因此，我国政府应成立一系列金融机构，作为"一带一路"的配套设施，为企业提供资金融通支持。

目前，"一带一路"背景下的相关金融服务体系包括四类：一是政策性银行，其资金为政策性质，享受国家信用，筹资成本较低，资本实力强大，适合支持大型、长期、战略性项目。二是多变性的金融机构，其不追求商业利益或仅为薄利，可以支持一下大型和中小型项目。三是大型商业银行，筹资能力强，资金实力突出，可支持大型项目的融资。四是社会资本，包括各类城商行、民营银行、PE和其他投资机构等，还包括资本市场和债券市场。只有有效整合各层级的金融机构，形成一个高效、有序、协作的整体，才能发挥金融软实力，为"一带一路"建设奠定坚实基础。[①]

同时，政府还应积极推动社会资金流动，加强对民间资金的管理，为跨境投资企业提供对外投资保障和国际金融支持，降低企业的筹资压力，提供完善的审批程序，提供便利、低成本、有保障的资金融通服务。

---

① 王石锟.发挥中国金融软实力构建"一带一路"立体金融服务体系.国际金融，2015（8）：13-17.

(七)加快人民币国家化推进贸易投资便利

采用人民币进行跨境投资的定价、结算或投资,有助于贸易投资的便利,且适当降低交易成本、扩大人民币的使用规模和范围。积极推动人民币国际化进程,加强本币的结算合作、扩大货币互换范围与规模、完善人民币清算渠道。

二、企业方面

随着"一带一路"建设的全面推进,越来越多的企业走向国际舞台,同时也会因投资所在国的环境等各方面差异面临各种各样的风险。企业作为投资主体要遵循投资规律,尊重投资程序,掌控投资细节,放弃投机心态,抓住投资机会的同时,应规避不必要的风险。

(一)把握区位优势、找准战略定位

"一带一路"沿线主要是亚欧大陆的发展中国家,而这些国家能够为我国企业跨境投资提供良好的区位条件。从自然环境看,"一带一路"沿线国家在地理位置上邻近中国,铁路运输方便快捷,沿线诸国具有丰富的自然资源。从经济环境看,"丝绸之路经济带"东连亚太经济圈、西接欧洲经济圈,"21 世纪海上丝绸之路"主要覆盖中国、东盟,市场广阔且潜力巨大。从社会文化环境来看,沿线诸国与我国的文化差异较小,利于减小跨境投资的风险,降低企业的交易成本与管理成本[①]。因此,充分利用"一带一路"带来的区位优势,是我国企业跨境投资的前提,扩大国际市场,实现经济合作、资源共享,推动企业"走出去"。

另外,为规避政策风险,企业应遵循"一带一路"的政策导向,围绕战略定位,制定国家化战略,全面推进国际化转型。

---

① 张敏,王佳涛,陈致朋."一带一路"机遇期企业对外投资战略探究. 特区经济,2015(9):4-6.

（二）规避法律风险，保障自身利益

中国企业在"一带一路"背景下的跨境投资跨越不同国家和地区，面临不同的法律体系和社会背景，无疑给企业带来了一定的未知性和不确定性。企业在"一带一路"下面临投资并购、立项、融资、项目规划设计、税收、诉讼七项风险[①]。因此，在中国政府建立的"一带一路"跨境投资法律体系下，企业自身还应制定相关的法律纠纷解决预案，以防范企业在跨境投资中面临因法律法规或执法环境差异带来的风险，保证企业在出现法律纠纷时，能最大限度地保障自身的利益。对此提出如下建议。

1. 调查熟悉东道国相关法律、法规和政策

"一带一路"跨境投资的企业涉及投资母国、东道国和企业自身的经济活动，面临复杂的投资环境，企业应事先了解并熟悉东道国的相关法律规范和投资政策，规避法律风险。

2. 客观评估法律风险

在全面了解东道国关于跨境投资法律法规和政策的基础上，对企业自身在"一带一路"背景下跨境投资将面临的法律环境、法律风险进行一系列客观地评估，分析能通过法律途径解决的能力。

3. 设立法律机构指定法律纠纷预案

"一带一路"涵盖国家和地区众多，各国和地区的公司法、劳工法、环境责任法等法律各异。企业应严格遵守东道国或地区相关政策法规、树立依法经营的意识、规范经营行为、设立专门的法律机构、加强对员工法律意识的培养，并制定法律纠纷解决预案，规避企业可能遭受的法律风险。

---

① 赵勇，孙擎宇，孔玥.中国企业沿"一带一路"走出去法律风险研究.招标采购管理，2016（2）：15-19.

4. 提高企业内部风险防范能力

除利用政府部门的风险信息服务系统外，企业应提高自身的风险防范能力，将风险研究常态化，关注"一带一路"沿线各国政治、经济、税收等各方面信息，了解国际市场需求和投资环境，做好风险预案。同时，对企业内部的资金加强跟踪分析，完善投融资等财务事项的监管体系，提高抗风险能力。

（三）完善内部管理加强企业自身建设

为适应国际化经营的需求，企业的治理结构和管理模式都应适当调整，实现制度化、规范化、程序化，适应新的发展形势。对此提出如下建议。

1. 优势打造，提升企业竞争力

我国企业的类型以劳动密集型的制造业为主，国际知名的中国品牌和先进的专利技术却寥寥可数。将先进的理念与我国企业自身的特点相结合，打造品牌优势，提升企业的国际竞争力，不断提升品牌价值、技术含量等企业自身能力，创新核心技术，是我国企业在"一带一路"背景下跨境投资的关键。

2. 建立完善的内部监管体系和科学的投资决策机制

企业在"一带一路"跨境投资中面临诸多利益诱惑，为杜绝因追逐个人利益而损害企业利益，应建立健全企业内部监管体系，防止企业资本的流失。同时，建立投资决策机制，防止企业管理者因投资冲动等作出不正当决策。

3. 构建国际化人才团队

构建具有国际化视野的人才团队，是企业在"一带一路"背景下开展跨境投资的重要基础。加强现有人才的国际化培养、引进具有专业技术的人才，提升企业整体国际化水平。同时，给予外籍员工职业

发展空间，不断推进企业国际化转型。加强企业内部员工交流、经验分享，激励员工不断创新。

（四）树立互利共赢理念承担更多社会责任

政治、经济、市场、文化等诸多风险是"一带一路"战略下企业跨境投资不可避免的，应树立互利共赢的理念，承担更多的社会责任，融入当地社会，这是企业规避风险、持续发展的关键。对此应尽量做到以下几点。

1．平衡与东道国和当地政府、企业、民众的利益关系

"一带一路"跨境投资在一定程度上挤占了东道国的利益，要注意与当地利益集团的关系，同时加强与当地新闻媒体、社区民众、民间团体、非政府组织的充分沟通、交流，照顾当地民众需求，牢固基层互信基础，最大限度地规避跨境投资过程中的各种风险。

2．在东道国承担更多的社会责任

企业社会责任意识的缺失在某种程度上会引起东道国政府、当地居民及社会舆论的强烈不满，也会给企业的声誉和国家的形象带来负面效应。企业应在劳工、消费者权益保护、安全生产、环境保护、商业道德自律等方面付出更多努力，赢得东道国政府和民众的真心支持和欢迎。[①]

3．注意平衡与东道国居民的利益关系，特别是劳资关系

"一带一路"涉及国家众多，各国发展状况不同，当地民众的经济状况、就业率等情况不同。面对经济较为落后的地区，就业率低，雇佣当地员工，让当地居民受益。企业能否融入东道国的社会，是决定企业能否持续发展的关键。

---

① 王茹.中国企业"走出去"面临的风险及管控对策.经济研究参考，2012（38）：69-75.

第二节 "一带一路"背景下中国跨境投资的前景与展望

自2013年9月习近平提出"一带一路"构想至今,"一带一路"已从战略理念转化为外交实践。中国不仅将海上丝绸之路延伸至南太国家,更将"互联互通"的地缘概念从"一带一路"拓展至整个亚太地区。2015年3月由国家发改委、外交部和商务部联合对外发布的《推动共建丝绸之路经济带和21世纪海上丝绸之路的愿景与行动》白皮书,标志着"一带一路"建设正式进入实施阶段。2016年8月17日,习近平在"一带一路"建设工作座谈会指出:"'一带一路'建设从无到有、由点及面,进度和成果超出预期。"①

一、"一带一路"背景下中国跨境投资的发展趋势

中国跨境投资从2003年开始迈入了快速增长的阶段,2008年全球金融危机后,中国跨境投资仍呈现不断增长的趋势。

(一)跨境投资规模迅速上升

2003年以来,中国对外直接投资已实现13年增长,增幅年均达33.6%(见图10.1)。

---

① 新华社. 习近平在推进"一带一路"建设工作座谈会上发表重要讲话. [2016-08-17]. www.gov.cn.

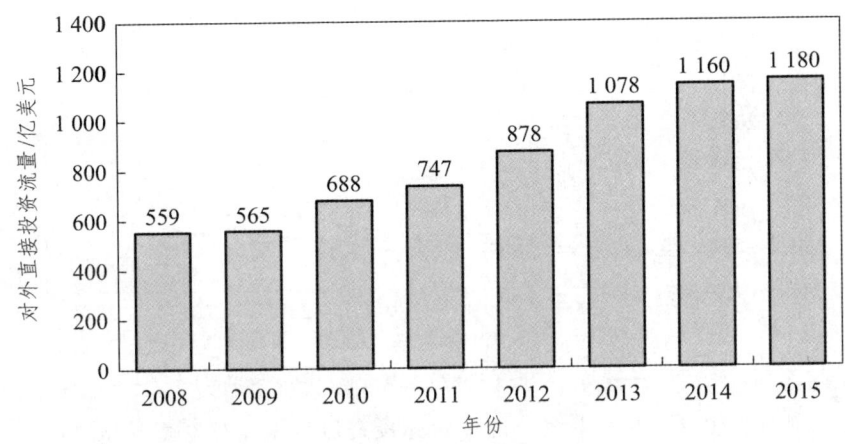

图 10.1 中国对外直接投资规模

资料来源：中国商务部。

（二）对外直接投资在世界排名显著提高，投资区位遍布全球

截至 2014 年年底，中国 1.85 万家境内投资者设立对跨境投资企业近 3 万家，涵盖了全球 186 个国家（地区），遍布全球近 80% 的国家地区，其中涉及 "一带一路" 国家 23 家，合作区数目达 77 个。这些境外经贸合作区成为 "一带一路" 建设的重要承接点。近年来，我国跨境投资创下历史新高，由世界排名第 18 位（2005 年）跻身到世界第 3 位（2014 年）（见图 10.2）。"一带一路" 建设的全面推进，不仅改变了我国跨境投资主要集中在亚洲地区的基本格局，且使我国跨境投资成为全球跨境投资由后进国家向先进国家反向流动的主要来源（见图 10.3）。

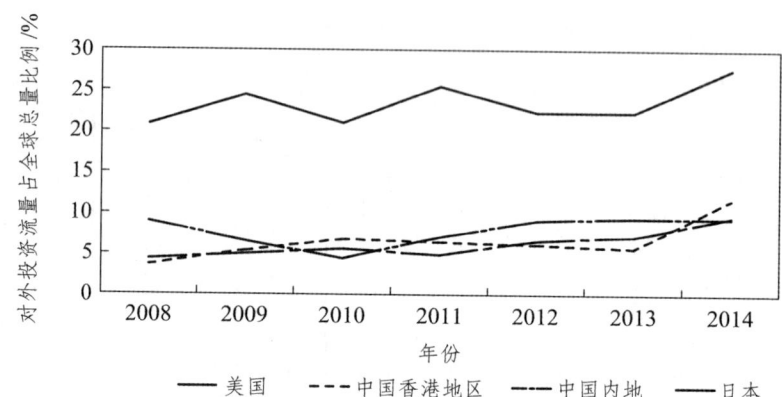

图 10.2　世界主要经济体对外投资流量占全球总量比例

资料来源：联合国贸发会议（UNCTAD）。

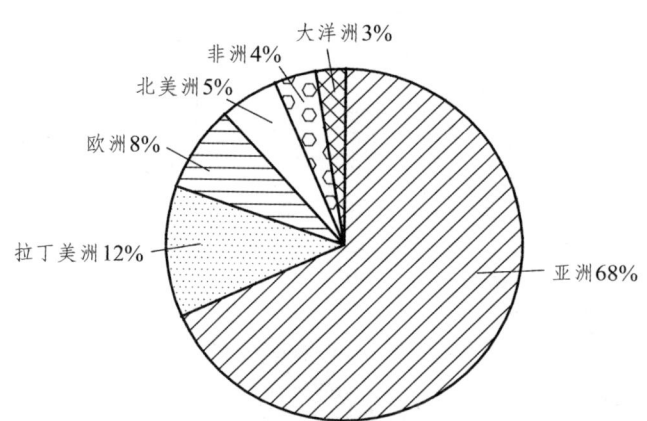

图 10.3　2014 年中国对外直接投资地区分布情况

资料来源：中国商务部。

（三）跨境投资领域日益丰富

我国跨境投资仍以服务业为主体行业，但截至 2014 年，投资已涵盖我国所有的行业类别（见图 10.4）。我国从劳动密集型产业到部分高新技术产业的国际竞争力都在增强，具有多元化的比较优势。

第十章 "一带一路"背景下中国跨境投资的建议、前景与展望　203

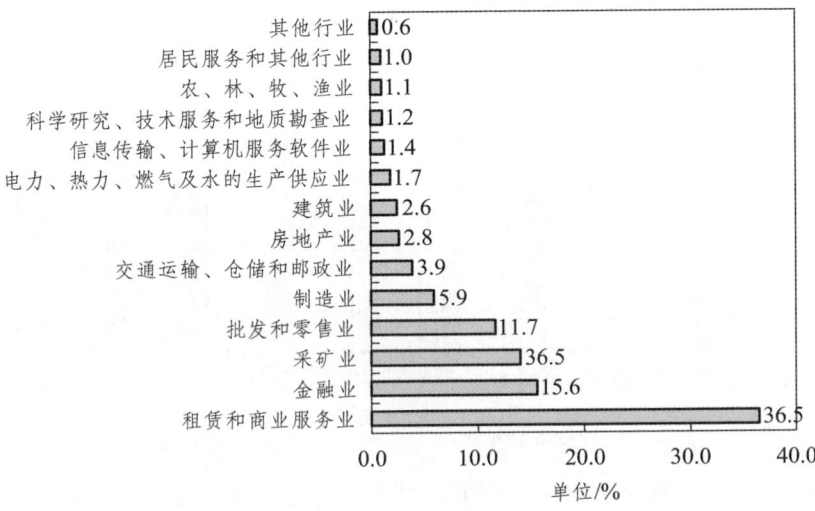

图 10.4　2014 年中国跨境投资行业分布（%）

资料来源：中国商务部。

（四）跨境投资主体不断多元化

近年来，随着企业全球化战略和鼓励性政策的共同作用，我国跨境投资主体日益多元化，涵盖了国有企业、有限责任公司、股份有限公司、私营企业、股份合作企业等多种类型（见图 10.5、图 10.6）。

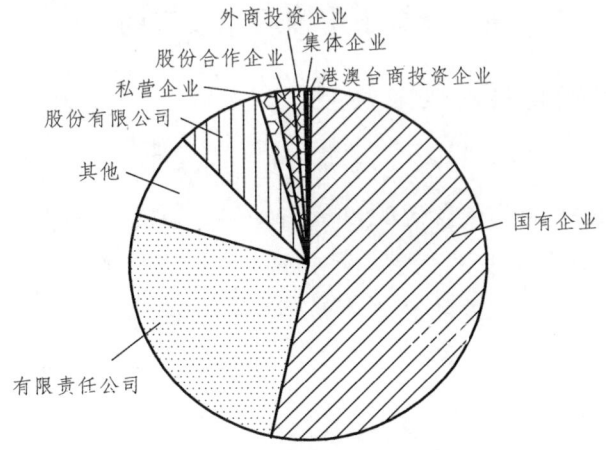

图 10.5　中国跨境投资企业类型分布情况（%）

"一带一路"开启的中国跨境投资新天地

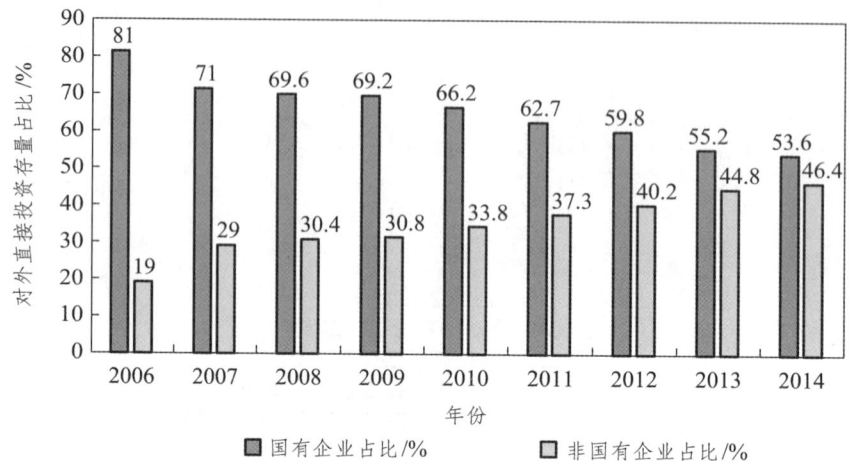

图 10.6　中国国有企业和非国有企业对外直接投资存量占比（2006—2014）

资料来源：中国商务部。

"一带一路"为中国跨境投资构建了有利的政治环境、提供了良好的发展机遇、创造了新的空间区位优势。"一带一路"将成为世界跨度最长、最具发展潜力的经济长廊，在促进周边国家和地区发展的同时，也为我国跨境投资创造了诸多新的投资空间。

二、"一带一路"背景下中国跨境投资的前景与展望

（一）国际发展前景与展望

"一带一路"是一项在世界大棋盘上下棋的国家大战略，是源远流长的中华优秀文化在当代的传承与发展，是推动"中国梦"与"亚太梦"、"世界梦"的有机衔接，是推动 21 世纪人类进步和共同发展的新动力。"一带一路"必将促进世界政治生态的健康发展和世界经济版图的重绘。[①]"一带一路"作为 21 世纪中国的一项重大国策，需要区

---

① 新华网. "一带一种"战略构想与国际秩序重构. [2015-01-09]. http://sike.news.cn/ statics/sike/pots/2015/01/218815023.html.

域内各国的共同努力，才能实现我国经济的二次腾飞，实现亚欧国家共同繁荣。

1. 促进国际合作推动公正合理国际秩序

经济合作是"一带一路"建设的硬因素，包括贸易、投资、贸易投资便利化三大合作方向。"一带一路"涵盖60多个国家和地区，构成了一个极为庞大的市场，市场规模和潜力独一无二。"一带一路"也将带动贸易发展引领投资合作，消除贸易壁垒，降低贸易和投资成本，提高区域经济循环速度和之路，实现共同发展、互利共赢。

加速推进亚太经济一体化进程是"一带一路"建设的重心。经济发展水平、社会制度等经济或非经济领域发展水平存在巨大差异的亚太地区成员，对利益诉求的要求各异。因此，推动区域经济一体化进程不能单凭一个统一的方案。增强亚太地区成员间的互联互通、政治文化等方面的交流，开展互补共赢的合作，将成为亚太经济一体化进程中的重要途径。

当前，亚欧国家都处于经济转型升级的关键阶段，"一带一路"构想的提出是促进中亚地区共同发展的重要途径。同时，中亚地区是中国联系欧洲的陆路纽带，"一带一路"建设也在促进中国及亚洲其他国家与欧洲国家合作中发挥着重要作用。因此，"一带一路"建设将打破亚欧大陆长期封闭的状态，打造"互联互通"的亚欧大陆，促进欧亚大陆腹地不发达地区的经济增长，改变区域经济政治的空间布局、活动方式及其流向，更能为区域协调发展做出新的贡献。

另外，"一带一路"建设正在将沿线各国已存在的合作平台规范化，以形成新的合作规则和合作机制[1]，在以《联合国宪章》的宗旨和原则为基础的国际秩序下，顺应和平、发展、合作、共赢时代潮流，推进建立更加公正合理的国际秩序。

---

[1] 王志民. "一带一路"战略对国际秩序的影响. 唯实，2015（7）：87-90.

2. 打造全球价值链推进人民币国际化

"一带一路"将开辟打造全球价值链的新路径，庞大的"中国市场"将成为引领"一带一路"沿线国家经济持续增长的新动力。以"相互开放、合作发展、互利共赢"为根本宗旨的"一带一路"建设，将在与沿线各国与地区团结互信、平等互利的基础上，全面、合理地开发沿线国家丰富的资源，将其融入全球经济发展、国际合作，打造以中国为主导的全球价值链。

"一带一路"建设在活跃欧亚大陆贸易的同时，必将活跃货币流动，在贸易环节使用人民币，商品的流通必然伴随人民币的流出，从而增加人民币的境外储备。根据环球同业银行金融电讯协会（SWIFT）的数据，2015年8月人民币超越日元成为全球第四大支付货币，人民币的国际地位得到显著提升[1]。在"一带一路"建设的推进下，人民币跨境结算日益增加，人民币适用范围日益广泛，势必将加快人民币国际化进程。

（二）国内发展前景与展望

"一带一路"建设打破了我国传统跨境开放的区域。过去跨境开放区域主要集中在东部和东南部沿海，而"一带一路"建设将打破这一格局，以带状贯穿我国东中西部地区，特别是打开中部和西部的大门，形成新的全方位开放格局。同时，我国企业的跨境投资区位更合理、领域更宽，也会为我国经济发展带来有利局面。"一带一路"的构想无疑是寄托着中国未来发展的愿景，具体可以从以下方面来看。

1. 全面深化改革各地区协调发展

自1978年以来，中国以开放促进改革先后经历了四次高潮（见表10.3）。

---

[1] 林乐芬，王少楠. "一带一路"建设与人民币国际化. 世界经济与政治，2015（11）：72-90.

"一带一路"的初衷是深化改革、扩大开放、提升国家经济实力。但由于东西部发展的不平衡，在具体建设上有一定的差异，东部地区在扩大开放的同时，重点应放在产业升级上，提升经济竞争力，力争在国际市场占有一席之地。而西部地区应将重点放在扩大开放上，在吸收东部地区的经验基础上，吸引区域内外投资，加快基础设施建设，提高经济发展水平。

表 10.1　中国改革开放后四次发放型战略

	时间	形式与标志	目标与内容	主要成就
第一次	1978—1991 年	跨境贸易十一届三中全会	引入竞争机制与国外先进技术	经济特区
第二次	1992—2000 年	引进外资 1992 年十四大市场经济改革取向	弥补资金短缺，推进经济转轨	全方位开放格局
第三次	2001—2012 年	"引进来"与"走出去"加入 WTO	融入全球生产，出口导向，产业多元化	世界加工厂
第四次	2013 年至今	跨境投资与产业转移"一带一路"	跨境投资，主导全球价值链，产业优化	（预期）适应、参与、主导全球规则

资料来源：张良悦，刘东."一带一路"与中国经济发展》[J]. 经济学家，2015（1）

"一带一路"对中国的牵引、辐射是整体性的，既包括经济基础较好的沿海、沿江经济带，也包括西北、西南、东北这些经济不发达地区。其中，新疆被定位为"丝绸之路经济带核心区"①，福建则被定位为"21 世纪海上丝绸之路核心区"①，两省分列"一带"和"一路"的战略起点。通过推进"一带一路"建设，发挥国内各地区比较优势，加强东中西互动合作，全面提升开放型经济水平和能级。

---

① 新疆新闻在线网.新疆被定位为"丝绸之路经济带核心区". [2015-03-30]. http://www.xj.xinhuanet.com/2015-03/30/c_1114807760.htm.
① 东快新闻.福建被定位为海上丝绸之路核心区. [2015-03-29]. http://www.dnkb.com.cn/archive/info/20150329/074557154628199-1.shtml.

2. 促进国内产业结构转型升级

我国参与设立"金砖国家开发银行"与"亚洲基础设施投资银行"很大程度上表明了我国加大对外开展基建投资业务的战略构想。"一带一路"建设的一个重要方面是国际产能合作，这对于促进国内产业结构转型升级，发展创新型经济具有重要的战略意义。过去三十多年来，中国承接了大量发达国家的低端产业，随着近年来中国国内劳动力成本的不断提高以及中国向产业链顶端的不断迈进，部分产业需要转移到要素成本更低的发展中国家。"一带一路"建设有助于促进国内产业结构转型升级[1]。

3. 创新教育及人才培养模式

"一带一路"倡议不仅能够进一步推进我国高等教育国际化，还能深化高等教育领域综合改革，提高高等教育质量[2]。"一带一路"建设需要大量国际复合型人才，改进人才培养体系至关重要。加强境内、境外大学和教育基地的交流合作，在"一带一路"沿线国家扩展学校的教学模式，让更多的学生拥有境外学习经历，为"一带一路"建设输送更多国际型创新人才。

在"一带一路"的背景下，我国未来更应抓住机遇，积极落实各项战略措施，与东道国"共商、共享、共建"，更加科学、合理地推动和开展跨境投资，调整跨境投资战略，处理好投资规模、速度与结构、质量、效益等之间的重大关系，推动和促进国内产业的转型升级，改善和提升企业整体素质，努力提高技术创新能力、国际竞争力和可持续发展能力。

---

[1] 王永中. "一带一路"建设与中国开放型经济的转型发展. 学海，2016（1）：118-124.
[2] 黄俊，代彬，黄淼. "一带一路"建设对欧亚经济格局影响. 产业与科技论坛，2016，15（1）：121-122.

参考文献

[1] BALA R MATTHEW, Y YLVIE L. China' outward foreign direct investment: location choice are firm ownership[J]. Journal of World Business, 2012, 47（1）: 17-25.

[2] PION-BERLIN DAVID, HAROLD T. Latin American' growing security gap[J]. Journal of Democracy, 2011, 22（1）: 39-53.

[3] SOARES R, JOANA N. Understanding high crime rates in Latin America.The economic of crime:lessons for and from Latin America[J]. NBER Chapters, 2010, 47（3）:19-55.

[4] STEVEN W KOHLHAGEN. Exchange rate changes, profitability, and direct foreign investment[J]. Abstract from southern Economic Journal, 1977, 44（1）:43-52.

[5] 安婷婷. 对外直接投资进入方式的比较研究[J]. 东方企业文化（公司与产业），2010，8（12）:87.

[6] 保监会.关于调整保险资金境外投资有关政策的通知[OL]. [2015-03-31]. http://www.circ.gov.cn/web/site0/tab5168/info3955266.tm.

[7] 重庆商报.4.16万亿美元中国成为全球最大贸易国[OL]. [2014-03-02]. http://news.sina.com.cn/o/2014-03-02/065929600070. shtml.

[10] 曹标.东盟国家投资环境分析[J].当代经济管理，2016（8）:43-48.

[11] 曹慧平.我国民营企业"走出去"战略分析[J].合作经济与科技，2006（11）: 10-11.

[12] 陈维.混合所有制助力中企"走出去"[J].第一财经日报，2014（4）:1-2.

[13] 程从东. 人才战略是企业持续稳定发展的不竭动力[J]. 经营管理, 2004（4）:41.

[14] 曹标. 东盟国家投资环境分析[J]. 当代经济管理, 2016, 38(8): 43-48.

[15] 陈剑玲. 为"一带一路"建设良好法律环境[OL]. [2016-08-03]. http://finance.china.com.cn/roll/20160724/3825946.shtml.

[16] 陈艺星. 论"福耀玻璃厂"的国际化战略[J]. 湖北科技学院学报, 2015, 35（10）:25-27.

[17] 邓宏兵. 投资环境评价原理与方法[M]. 武汉：中国地质大学出版社, 2000.

[18] 德勤. 中国汽车行业对外投资报告（2016）[OL]. [2016-08-22]. http://www.mxdata.com/archives/8174.

[19] 敦忆岚. 新时期中国企业对外投资问题及对策研究[D]. 北京：中国社会科学院, 2014.

[20] 付妍瑛. 化解国企对外直接投资风险[J]. 国际市场, 2016（6）:116-117.

[21] 冯华. 我国对外直接投资进入方式的比较研究[J]. 山东社会科学, 2014（11）:120-123.

[22] 范德成, 王晓辉. 区域产业投资环境评价指标体系与评价方法研究[J]. 科学进步与对策, 2009, 26（14）:118-120.

[23] 傅锦仪. 国有企业对外投资监管存在的问题及对策[J]. 中国经贸, 2016（8）: 99-100.

[24] 何跃, 何正林, 马海霞. 基于因子分析法的投资环境综合评价[J]. 科技管理研究, 2009（1）: 76-77.

[25] 宫玉涛. "一带一路"沿线的恐怖主义活动新态势解析[J]. 党政研究, 2016（2）: 18-26.

[26] 国家发改委, 外交部, 商务部. 推动共建丝绸之路经济带和21世纪海上丝绸之路的愿景与行动[OL]. [2015-03-30]. http://zhs.mofcom.gov.cn/article/xxfb/201503/20150300926644.html.

[27] 国务院. 政府核准的投资项目目录(2014年本)[OL]. [2014-11-18]. http://www.gov.cn/zhengce/content/2014-11/18/content_9219.html.

[28] 国家发改委.境外投资项目核准和备案管理办法[OL]. [2014-06-03]. ttp://cafiec.mofcom.gov.cn/article/zcfg/201406/0140600610295.shtml.

[29] 国家发改委.关于实施《境外投资项目核准和备案管理办法》有关事项的通知[OL]. [2014-05-14]. http://www.sdpc.gov.cn/gzdt/201405/20140516_611828.html.

[30] 国家外汇管理局.关于发布《境内机构境外直接投资外汇管理规定》的通知[OL]. [2009-07-15]. http://www.gov.cn/zwgk/2009-07/15/ontent_1366267.html.

[31] 国家外汇管理局.关于进一步简化和改进直接投资外汇管理政策的通知[OL]. [2015-02-13]. http://www.fdi.gov.n/1800000121_3_721240_7.html.

[32] 国资委.中央企业境外投资监督管理暂行办法[OL]. [2012-04-11]. http://www.sasac.go v.cn/n1180/n1566/n258237/ 258899/ 4404719.html.

[33] 国务院.中华人民共和国外汇管理条例[OL]. [2008-08-06]. http://www.gov.cn/flfg/2008-08/06/content_1066336.htm.

[34] 国务院. 国务院关于进一步优化企业兼并重组市场环境的意见[OL]. [2014-03-24]. http:// www.gov.cn /zhengce/content/ 014-03/4/content_8721.htm.

[35] 国务院办公厅.关于金融支持经济结构调整和转型升级的指导意见[OL]. [2013-07-05]. http://finance.people.com.cn/n/2013/0723/1004-22298992.html.

[36] 国务院办公厅. 关于支持外贸稳定增长的若干意见[OL]. [2014-05-15]. http://www.mofco m.gov.cn/article/ae/ai/01405/0140500588002. shtml.

[37] 国家发改委.中长期铁路网规划[OL]. [2016-07-20]. http://www.gov.n/xinwen/2016 -07/20/content_5093165.htm.

[38] 国务院.国务院关于促进旅游业改革发展的若干意见[OL].

[2014-08-22]. http://tjtb.mofcom.gov.cn/article/e/ 01408/ 0140800706925. shtml.

[39] 国务院. 国务院关于积极推进"互联网+"行动的指导意见[OL]. [2015-07-04]. http://news.xinhuanet.com/tech/2015-07/ 4/c_127984624. htm.

[40] 环球网. 华媒：中国资本走出去机遇与挑战并存[OL]. [2015-01-19]. http://oversea.hu anqiu.com/article/2015-01 /5435906. html.

[41] 黄河, 陈美芳, 汪静, 等.中国企业在"一带一路"沿线国家投资的政治风险及权益保护——以中线、北线 B 和南线为例[J]. 复旦国际关系评论, 2015（1）: 104-129.

[42] 黄俊, 代彬, 黄森."一带一路"建设对欧亚经济格局影响[J]. 产业与科技论坛, 2016, 15（1）: 121-122.

[43] 黄河, STAROSTIN NIKITA.中国企业海外投资的政治风险及其管控——以"一带一路"沿线国家为例[J]. 深圳大学学报（人文社会科学版）, 2016（1）:93-100.

[44] 何莉. 民营企业走出去：历程、现状与未来发展趋势. 湖南商学院学报, 2008（6）:18-20.

[45] 何伟文. 2014 年跨境投资全球趋势和中国趋势的比较[J]. 中国企业全球化报告（2015）[M]. 北京：社会科学文献出版社, 2015: 167-183.

[46] 黄海燕, 徐永丽. 国有企业对外投资的困境与对策分析[J]. 交通运输部管理干部学院学报, 2011（4）:37-39.

[47] 侯小坤. 中国民营企业海外投资现状及优化路径[J]. 对外经贸报, 2016（6）:79-82.

[48] JIDE MICHAEL.非洲各地区投资环境比较[OL]. [2013-04-11]. http://wenku.baidu.com/link?url=ZHP-Qwd-uHE5YKnVV5tz8KOb 6SaBFPm-_o4DgRqkWHE0tqnEJi1kgENDKNGDyhYFc09U5woH TJRumpemZZQI-q-P57-nw2zc5ybNUERqGYq.

[49] 姜巍, 张菀航."一带一路"背景下的金融创新和跨境投资——

"国研智库论坛 2015·创新金融助力中国'一带一路'战略峰会"综述[J]. 中国发展观察，2015（8）:20-22.

[50] 季铸，孙谨，高磊. 2014 年世界经济进入下行周期——2013 年世界经济风险指数与主权评级（WERICR2013）报告发布[J]. 中国对外贸易，2013（12）：34-39.

[51] 蒋姮."一带一路"地缘政治风险的评估与管理[J]. 国际贸易，2015（8）：21-24.

[52] 教育部. 推进共建"一带一路"教育行动[OL]. [2016-07-15]. http://www.moe.edu.cn/srcsite/A20/s7068/201608/t20160811_274679.html.

[53] 景朝梅. 我国民营企业对外直接投资面临的瓶颈[J]. 山西经济日报,2011-04-29(007).

[54] 李建民. 丝绸之路经济带、欧亚经济联盟与中俄合作[J]. 俄罗斯学刊，2014（23）：7-17.

[55] 李锋. "一带一路"战略最新进展与展望[J]. 国际经济分析与展望，2016（3）：414-424.

[56] 林乐芬，王少楠. "一带一路"建设与人民币国际化[J]. 世界经济与政治，2015（11）：72-90.

[57] 李新创. 钢铁"走出去"与"一带一路"的思考[J].国土资源情报，2015（7）：3-13.

[58] 罗雨泽，汪鸣，梅新育，等. "一带一路"建设的六个"点位"——改革传媒发行人、编辑总监王佳宁深度对话六位知名学者[J].改革，2015（7）：5-27.

[59] 林忠华. "一带一路"战略背景下国有控股企业境外资产审计研究[J]. 新疆财经，2012（5）：24-27.

[60] 陆永政. 我国企业跨国并购支付风险控制分析[J]. 财务与管理，2013（4）：32-33.

[61] 李妍妮. 中国企业跨境并购的策略分析[J]. 企业导报，2016（10）：16-17.

[62] 卢进勇，李秀娥. 中国企业跨境并购历程特点、问题及对策研究[J]. 外资，2012（12）：40-44.

[63] 李一文，张丹丹. 中国企业在美国绿地投资存在的问题与对策研究[J]. 管理视窗，2011（12）：112.

[64] 李小真，曾晓洋. 金融危机下民营企业跨国并购的机遇、风险与对策[J]. 消费导刊，2009（9）：51-52.

[65] 路虹. 中企跨境购乐享"混搭"风[N]. 国际商报，2014-04-22：1.

[66] 李经宇. 股权投资基金与中国企业的跨境收购[J]. 财务与会计，2012（5）：32-35.

[67] 李海容. 中国企业海外投资审批流程概述[OL].[2015-07-23]. http://www.goingconcern.cn/article/7609.

[68] 刘嫒. 福耀集团汽车玻璃美国市场分销渠道优化的策略研究[D]. 上海：华东师范大学，2016.

[69] 李冰漪. 借助一带一路机遇远成打造物流新业态[J]. 中国储运，2016（2）：70-70.

[70] 刘海泉. "一带一路"战略的安全挑战与中国的选择[J]. 太平洋学报，2015，23（2）：72-79.

[71] 李继宏. 中国高铁"走出去"面临的机遇与挑战[OL]. [2016-08-11]. http://www.govinfo.so/news_info.php?id=44389.

[72] 李俊杰. 投资环境研究述评[J]. 人文地理，2004，19（5）：34-39.

[73] 厉以宁. 市场经济大辞典[M]. 北京：新华出版社，1993:439.

[74] 李一文，李良新. 中国企业海外投资风险与预警研究——基于中国非金融对外直接投资案例调查[J]. 首都经济贸易大学学报，2014（3）：99-103.

[75] 李纪. 我国外商投资环境的地区差异性研究[J]. 中国商论题，2016（18）：9-11.

[76] 李宇，郑吉，金雪婷，等. "一带一路"投资环境综合评估及对策[J]. 中国科学院院刊，2016（6）：671-677.

[77] 吕红兵. "一带一路"沿线国家法律体系概述[J]. 中国法律 2015

（6）：41-45.

[78] 刘阳怀. "一带一路"面临五大非传统安全问题[OL].[2016-08-03]. http://www.360d oc.com/cont-ent/15/1230/09/1184379_524111827.shtml.

[79] 马云鹏. 刍议混合所有制在国企改革中的重要性[J]. 财经界 2014（22）：271-272.

[80] 毛迪, 吟秋. 中亚五国银行业投资环境评价[J]. 科学促进发展, 2015, 11（6）：707-715.

[81] 农窕凤. 民营企业国际化路径选择研究[J]. 探索研究, 2012（9）：21-23.

[82] 南通走出去服务平台. 中国对外房地产投资：新浪潮、新目标[OL]. [2016-8-17]. http://ya t-ouhang.juhangye.com/201605/weixin_2485610.html.

[83] 潘秀林. 海外房产投资井喷，目的国市场刮政策收风[OL]. [2016-08-03]. http://news.di-chan.sina.com.cn/2016/08/04/1208750.html.

[84] 彭光谦. "一带一路"战略构想与国际秩序重构[OL]. [2015-01-09]. http://world.people.com.cn/n/2015/0109/c157278-26358575.html.

[85] 邱灿. 人口红利渐失成本倒逼福耀玻璃海外突围[N]. 第一财经日报, 2013-10-21.

[86] 任力波. 对外投资新空间[M]. 北京：社会科学文献出版社, 2015.

[87] 商务部. 商务部、国家统计局、国家外汇管理局联合发布《2014年度中国对外直接投资统计公报》[OL].[2015-09-17]. http://hzs.mofcom.gov.cn/article/date/201510/20151001130306.shtml.

[88] 石建国. "一带一路"战略研究现状综述[J]. 中国周边外交学刊, 2015（1）：130-149.

[89] 申现杰, 肖金成. 国际区域经济合作新形势与我国"一带一路"合作战略[J]. 宏观经济研究, 2014（11）：30-38.

[90] 世界银行. 2013年营商全球环境报告：对中小企业实行更为明智的管制[J]. 世界银行集团旗舰报告, 2013（10）.

[91] 孙强. 我国对外投资存在的问题及对策研究[D]. 北京：中国石油大学，2010.

[92] 沈四宝，彭景. 我国对外投资法律制度支持体系的路径探析[J]. 社会科学辑刊，2012（6）：84-88.

[93] 商务部. 境外投资管理办法[OL]. [2014-09-06]. http://www.mofcom.gov.cn/article/b/c/201409/20140900723361.shtml.

[94] 商务部. 关于加强对外投资合作在外人员分类管理工作的通知[OL]. [2013-10-15]. http://file.mofcom.gov.cn/article/gkml/201311/20131100377079.shtml.

[95] 商务部，等. 对外投资合作和对外贸易领域不良信用记录试行办法[OL]. [2013-09-04]. http://www.taizhou.gov.cn/art/2013/9/4/art_5226_228609.html.

[96] 田立新，尹坚. 跨国公司跨境并购与绿地投资的比较分析[J]. 江苏大学学报（社会科学版），2006（4）：87-89.

[97] 王菲易. "一带一路"战略与海关国际合作：对接发展的障碍、框架与对策[J]. 海关与经贸研究，2016，37（3）：10-19.

[98] 王艳丽. 中国民营企业对外直接投资的优劣势分析[J]. 科技信息，2009（25）：350.

[99] 王义桅，郑栋. "一带一路"战略的道德风险与应对措施[J]. 党政视野，2015（4）：39-47.

[100] 王健朴. 我国国有企业对外直接投资特定性风险探析[J]. 现代经济探讨，2012（5）：54-58.

[101] 王茹. 中国企业"走出去"面临的风险及管控对策[J]. 经济研究参考，2012（38）：69-75.

[102] 王石锟. 发挥中国金融软实力构建"一带一路"立体金融服务体系[J]. 国际金融，2015（8）：13-17.

[103] 王永中. "一带一路"建设与中国开放型经济的转型发展[J]. 学海，2016（1）：118-124.

[104] 王志民. "一带一路"战略对国际秩序的影响[J]. 唯实，2015（7）：

87-90.

[105] 王诚. 混合所有制助力中企"走出去"[J]. 21世纪经济报道, 2014 (5): 1.

[106] 武锐, 黄方亮. 跨境进入的模式选择: 跨国并购、绿地投资还是合资公司[J]. 经济学研究, 2010 (6): 68-71.

[107] 王香梅. 对外投资中的非股权经营模式[J]. 合作经济与科技, 2015, 13 (29): 11-13.

[108] 吴玉鸣. 中国区域投资环境评估指标体系的构建及综合评价方法[J]. 南部学坛, 2002, 22 (2): 109-113.

[109] 王沈阳, 等. 中国对外投资合作发展报告[R]. 中华人民共和国商务部, 2014.

[110] 吴迎西, 文倩倩. 海外投资的步骤及注意事项[OL]. [2015-10-19]. http://mt.sohu.com/20151019/n423618740.shtml.

[111] 外汇局. 国家外汇管理局关于进一步简化和改进直接投资外汇管理政策的通知[OL]. [2015-02-13]. http://www.fdi.gov.cn/1800000121_23_72124_0_7.html.

[112] 外汇局. 关于改革和规范资本项目结汇管理政策的通知[OL]. [2016-06-09]. http://www.fdi.gov.cn/1800000121_23_73152_0_7.html.

[113] 魏琪嘉, 肖宏伟. "一带一路"战略风险评估及应对建议[J]. 全球化, 2016 (2): 69-77.

[114] 新华网. 统计局: 2013城镇非私营单位就业人员年平均工资51474元[OL]. [2014-05-27]. http://news.xinhuanet.com/fortune/2014-05/27/c_126554110.htm.

[115] 夏莹. 我国民营企业海外并购融资问题研究[J]. 云南财经大学学报, 2012 (4): 23-27.

[116] 奚爱国. 通过混合所有制提高国企竞争力[J]. 光明日报, 2015 (7): 1-2.

[117] 徐振东. 跨国并购的风险及其控制的主要途径[J]. 对外经济,

2005（5）：19.

[118] 香港国际矿业协会. 2016年中资海外矿产能源投资手册[OL]. [2016-08-09]. http:// www.vcc-oo.com/v/0a188a.

[119] 姚敬. 驻阿富汗大使姚敬在阿主流媒体发表署名文章《"提升之旅"加深中阿友谊》[OL].[2016-05-25]. http://www.fmprc.gov.cn/web/gjhdq_676201/gj_676203/yz_676205/1206_676207/1206x2_676229/t1366662.shtml.

[120] 于津平，顾威. "一带一路"建设的利益、风险与策略[J]. 南开学报（哲学社会科学版），2016（1）：65-70.

[121] 杨浩辉，欧阳玮. 发展混合所有制经济的一种新模式[J].财会月刊，2014（10）：29-31.

[122] 杨宁. 混合所有制的性质及其作用[J]. 和田师范专科学校学报（汉文综合版），2005，25（2）：26-27.

[123] 杨克智，索玲玲. 新一轮国企混合所有制改革的思路、现状与路径展望[J]. 财务与会计，2015（6）：20-22.

[124] 杨长湧. 十二五时期我国对外直接投资方式研究[J]. 宏观经济研究，2011，11（2）：18-20.

[125] 杨多友. 对外直接投资方式的比较和选择[J]. 决策咨询通讯，2003，4（6）：20-23.

[126] 岳侠，钱晓萍. 中亚五国投资环境比较研究：中国的视角[J]. 亚太经济，2015（2）：73-78.

[127] 杨艳军. "一带一路"为中国高铁"走出去"插上了腾飞的翅膀[OL]. [2016-08-09]. http://www.chnrailway.com/html/20160714/1391365.shtml.

[128] 袁长婷. 我国国有资本对外直接投资的法律监管[D]. 北京：中国政法大学，2010.

[129] 晏静. 中国对外直接投资法律保障制度研究[D]. 西安：西北大学，2011.

[130] 银监会. 中国银监会关于进一步加强银行业金融机构境外运营

风险管理的通知[OL]. [2016-04-05]. http://www.cbrc.gov.cn/chinese/home/docDOC_ReadView/19166B3E084B496689523C9FDB 0209B2.html.

[131] 杨飞虎,晏朝飞. "一带一路"战略下我国对外直接投资实施机制研究[J]. 理论探讨, 2015（5）: 80-83.

[132] 张军. 共绘中蒙俄合作新蓝图[OL]. [2016-06-27]. http://www.fmprc.gov.cn/web/ziliao_674904/zyjh_674906/t1375546.shtml.

[133] 中国人民银行官网. 中国人民银行: 人民币国际化报告（2015年）[OL]. [2015-06-12]. http://www.360doc.com/content/15/0612/10/20625606_477568585.shtml.

[134] 赵波,张春和. 论"一带一路"战略的文化意蕴——基于世界文化交往思想的视角[J]. 学术论坛, 2016, 38（1）: 135-139.

[135] 中国. 中国对外投资合作发展报告[M]. 上海: 上海交通大学出版社, 2015.

[136] 邹嘉龄,刘春腊,尹国庆,等. 中国与"一带一路"沿线国家贸易格局及其经济贡献[J]. 地理科学进展, 2015, 34（5）: 598-605.

[137] 周宏莉,魏峰. "一带一路"战略下国有企业的挑战及应对[J]. 郑州航空工业管理学院学报, 2016, 34（2）: 108-111.

[138] 周俊. 浅谈国有企业对外投资的障碍与应对策略[J]. 金融经济, 2015（10）: 114-116.

[139] 朱美虹,池仁勇. 中小民营企业对外直接投资动因分析[J]. 聚焦长三角, 2011（6）: 41-43.

[140] 朱红超. 跨境并购中的风险分析及防范[J]. 投资理财, 2015（20）: 189.

[141] 赵伟,黄上国. 促进民营企业跨国并购的研究[J]. 国经贸探索 2004, 20（3）: 29-33.

[142] 朱只砺. 中国企业走出去易选"绿地投资"模式[J]. 前沿参考, 2011（4）: 13.

[143] 周经,张利敏. 非股权安排对中国企业海外投资模式选择的影响

及政策研究[J]. 齐齐哈尔大学学报（哲学社会科学版），2015，7（4）：7-9.

[144] 张燕生. 加快实施"走出去"战略[J]. 国际贸易，2011（8）：15-18.

[145] 周宏芸. 论中国企业跨国并购与绿地投资的选择[J]. 特区经济，2006（12）：326-327.

[146] 张璇. 非股权安排在跨国经营中的运用[J]. 经营管理，2004（4）：39-41.

[147] 钟飞腾，朴珠华，刘潇萌，等. 对外投资新空间——"一带一路"国别投资价值排行榜[M]. 北京：社会科学文献出版社，2015.

[148] 张记凤. 制度因素：资源寻求与中国对外直接投资的区位选择[J]. 工业经济技术，2013（9）：56-62.

[149] 张建华，贾文艺. "一带一路"战略发展前景、商业机遇与挑战思考[J]. 商业经济研究，2015（35）：17-18.

[150] 张敏，王佳涛，陈致朋. "一带一路"机遇期企业对外投资战略探究[J]. 特区经济，2015（9）：4-6.

[151] 张展. "一带一路"信息服务平台建设探析[J]. 辽宁经济，2015（7）：26-27.

[152] 赵勇，孙擎宇，孔玥. 中国企业沿"一带一路"走出去法律风险研究[J]. 招标采购管理，2016（2）：15-19.

[153] 周柳军，顾大伟，邢厚媛，等. 中国对外投资合作发展报告2015[OL]. [2016-08-07]. http://www.fdi.gov.cn/1800000121_35_1089_0_7.html.

[154] 郑明贵，谢为，陈祺勋. 海外铁矿资源开发的政治环境评价研究[J]. 江西大学学报，2015，36（2）：38-43.

[155] 周塞军. "一带一路"沿线国家法律体系各不相同[OL]. [2016-08-09]. http://www.gqb.gov.cn/news/2015/0508/35780.shtml.

[156] 周五七. "一带一路"沿线直接投资分布与挑战应对[J]. 改革，2015（8）：39-47.

[157] 张丽平，蓝庆新. 以资本运作推动"一带一路"的互联互通建设

[J]. 南开学报（哲学社会科学版），2016（1）：71-76.

[158] 张燕. 中国中车：用高铁连接世界 产品覆盖全球近83%的拥有铁路的国家[J]. 中国经济周刊，2016（21）.

[159] 曾晓燕. 福耀玻璃反倾销案对我国应对国际贸易摩擦问题的启示[J]. 福州党校学报，2012（1）：37-41.

[160] 周柳军，等. 中国对外投资合作发展报告[R]. 中华人民共和国商务部，2015.

[161] 张可云，蔡之兵."一带一路"战略的政策保障视角研究[J]. 华南师范大学学报（社会科学版），2015（5）：78-84.